にほんもの

中田英寿

ほんとうの日本を知らないことを知って、ぼくの旅ははじまった。

47都道府県を旅してわかったこと。

その土地でしか出会えないものがある。

時間をかけなければたどり着けない日本がある。

まえがき

「日本のことを何も知らない」

中田英寿

世界を旅すると、さまざまな人に日本・そして日本の文化について訊かれる。歴史、工芸、伝統芸能、宗教、食、あるいは茶道や侘び寂びの精神について。日本に関心を持ってくれている人がたくさんいる。だが自分はどのくらい日本のことを知っているのか。そう考えた時に、実は何も知らないということに気がついた。それが、日本を旅するきっかけとなった。

歴史や過去の情報は、ネットで調べればある程度の情報は得られる。でも本当に知りたいこと、生きている情報は、インターネットにはほとんど載っていない。実際に体験した人にしか分からないことがたくさんある。たとえば、その土地土地に根ざした日々の当たり前の生活。当たり前だからこそ、インターネットに載らない。

「毎日、何を食べ、何を飲み、何を作るのか。どんな祭りがあり、どんな自然があるのか」

自分が生まれ育った故郷にしても、知らないことが沢山あった。近くて当たり前すぎて、見えていなかった。実際に自分の足で各地を訪ね、体験を重ねていくと、見るだけでは分からない、難しさや楽しさ、技術のすごさを理解することができるようになった。そんな積み重ねが自分の毎日の生活に知識を与えてくれ、今まで意識していなかった米が、肉が、日本酒が、そして工芸品が突然〝宝物〟に変わり、毎日が楽しく、豊かになった。

今回、この本で紹介したかったのは、そんな日本を旅したからこそ見つけられた「とびきりの日本」。時間をかけ、その土地に行かなければ決して見つけられなかった、経験しなければたどり着けなかった日本。そんなしあわせや感動が詰まっている〝にほんもの〟を多くの人とシェアしたいと思った。

もくじ

おもてなし　に・ほ・ん・も・の

にほんしゅ　に・ほ・ん・も・の

おみやげ　に・ほ・ん・も・の

※この本に掲載されている情報は２０１８年10月時点のものです。
価格などが変更になる場合がございますので、あらかじめご了承ください。

わ ざ に・ほ・ん・も・の

志村ふくみ

京都府　染織家　文＝千葉 望　撮影＝砂原 文

京都・嵯峨野の自然の中にあるその工房では、植物の生命から生まれるさまざまな色を糸に移しとってきた。澄んだ美しい色の糸を使って織られる布には、一枚一枚に物語がある。日本の自然、日本の文化。その粋がここに込められている。

上　志村ふくみ作「柳の国」
下　志村洋子作「シモン（ペテロ）」
左ページ　藍甕（あいがめ）の中で発酵する藍華。

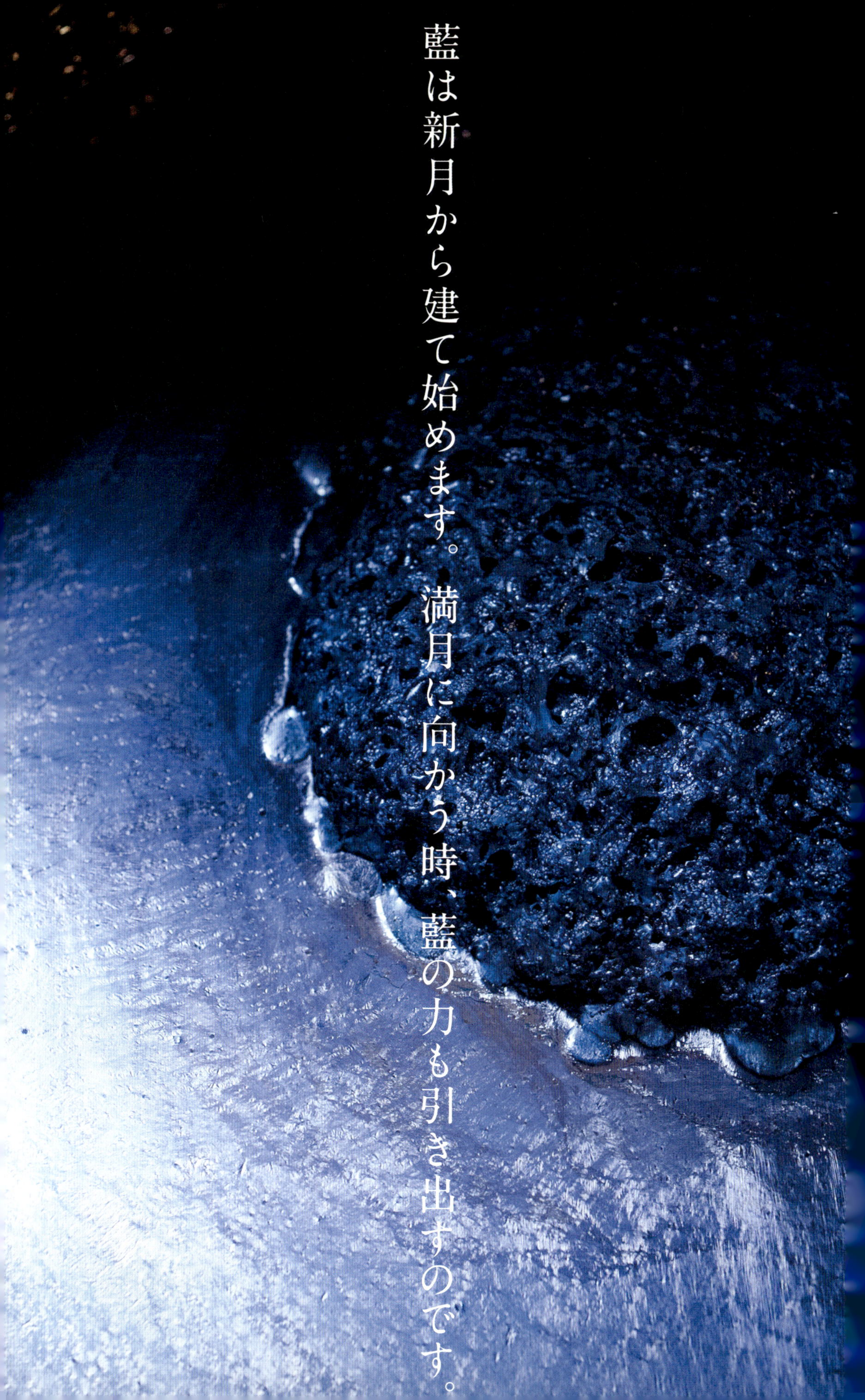

藍は新月から建て始めます。
満月に向かう時、藍の力も引き出すのです。

植物自身の生命を色として糸に移しとる。

人間国宝である染織家の志村ふくみの工房は、京都・嵯峨野の静かな住宅街にある。隣地は寺院という環境で高い建物もなく、木々の間から青くて大きな空が見えた。

かつて志村はこんなことを書いている。

「私は今まで、二十数年あまり、さまざまの植物の花、実、葉、幹、根を染めてきました。ある時、私は、それらの植物から染まる色は、単なる色ではなく、色の背後にある植物の生命が色をとおして映し出されているのではないかと思うようになりました。」(※)

植物がもつ生命をいただき、それを移しとった糸で自分の世界を織り出していく。志村の仕事は芸術ともいえる独特の表現で、多くの人々を魅了してきた。ただ色柄が美しいというのではない。その作品からは祈りのような、志村独特の物語さえ伝わってくる。

工房一階の植物を煮出す作業室では、あたたかな湯気の中にさまざまな植物の香りが漂っていた。柔らかな自然光の中、少しすっぱい香りのする藍の液の中に絹糸がつけられると、白かった糸があざやかな緑色に染まる。しかしその色は一瞬のうちに消えていき、酸化によって藍色へと姿を変えるのだ。

藍は染料となる植物(多くはタデ藍)を発酵させることから始まり、その作業を「藍を

右　月の動きに合わせて藍を建てるため、旧暦には敏感になる。
左　藍染がうまくいくことを願って工房には藍姫さまが祀られている。
左ページ　光に輝く藍染された糸。以前から藍建てに強い関心のあった中田は、徳島の新居製藍所を訪ね原料となる「すくも」作りも体験した。

※ 志村ふくみ著「一色一生」(1982年刊)から引用。

植物の命を抱きしめながら糸に移しとります。

3

2

1

6

5

4

9

8

7

1. 桜の枝も染料の材料となる。花が咲く前の枝が一番よく染まる。　2. 自宅の木を切る時は声をかけてくれる人も多いという。　3. 染め終えた糸をしっかりと絞る。　4. 織り機に経糸(たていと)をきちんとかけることから織る仕事は始まる。　5. 工房で働く人たちは自然を感じながら規則正しい生活を送ることで、体調もよくなっていくという。　6. ほどいた糸もきれいに巻いて保存する。　7. 2018年秋に上演された石牟礼道子原作の能「沖宮(おきのみや)」の装束を織る。あざやかな紅は蘇芳(すおう)で染めた糸を使っている。　8. 機織りに欠かせない杼(ひ)。これに緯糸(よこいと)を巻き、あらかじめ張られた経糸に渡していく。　9. 糸巻きに巻かれた数々の絹糸の美しさ。　左ページ　機械に頼らない手作業が多くなるため、手指の感覚が鋭くなる。

染めて、織って。
いつも手が答えを教えてくれました。

建てる」と呼ぶ。工房では土間に埋め込まれた藍甕《あいがめ》の中で、建て始めた藍がおよそ一カ月半のあいだ、発酵し続けるという。志村がもっとも日本人の顔立ちや心情にふさわしいと思う藍は、「建てること」「守ること」「染めること」の三つをまっとうして初めてかなうもので、管理がとてもむずかしく、失敗の連続だったという。それゆえに、人々は古来、藍小舎に愛染明王を祀って、祈りと共に藍染を行ってきた。

初めてあつらえたのは志村ふくみの藍染の着物だった。

中田英寿もまた、こよなく藍に惹かれる一人である。

「僕は以前、四国で藍を建てている方のところにも行っていたので、日本の染物を一つ選ぶのなら藍染だという気持ちがありました。志村さんの藍建てを拝見すると、藍にすごい思いを持ってやっていらっしゃることがわかります。最初に工房にお邪魔した時、何時間も一緒に過ごして工房を見せていただき、お話もうかがってすっかり人間性に惚れ込んでしまいました」

志村の工房では藍を新月から建て始める。旧暦の一日は月のない日＝新月。それから徐々に月が膨らんでいき、やがて満月を迎え、また欠けていく。潮の満ち干も月が左右し、新月と満月前後の数日間、海は「大潮」となる。藍建てに一心に取り組んでいた志村が、月との関係に気

右　藍から染め出される色には実にさまざまなバリエーションがあり、それぞれ美しい色名がついている。
左ページ　植物の色を移すには糸自体に力がなくてはならない。志村の工房では少なくなった日本の絹を使って紡ぎ糸をつくってもらっているという。
次ページ　植物の色の下から、絹のつやめいた光が力強く浮かび上がってくる。植物と蚕の力の出合いである。

づいたのはいつの頃だったか。その大きな力をたのみとしながら藍の生命力を引き出すことに、中田は驚き、感動した。そして、初めての着物を志村の手による藍染であつらえた。

「最初の志村さんとの出会いが僕にとってはとても大きくて、その後、日本の工芸にのめり込むきっかけになりました。生き方がとてもナチュラルなところも素晴らしい」

月の動きに従うだけではない。体に良いものを選んで食べ、規則正しい生活を送る。そんな工房での暮らしは、働くひとびとの心身まで健やかにするという。

多彩な色を組み合わせた作品はモダンで美しい。

工房では藍のほかにもたくさんの植物を使って糸が染められている。糸を収めた棚はそれだけで美しく、目を奪われる。つややかな絹糸に、澄んだ色。植物の力が蚕の力と出合うと、こんなにもゆたかな世界が現れるのだ。さらにその糸を組み合わせて、さまざまな布が織られていく。月の動きを描いた旧暦カレンダーのかかる二階には、織り機がいくつも並び、綺麗に並べられた経糸《たていと》に杼《ひ》を使って緯糸《よこいと》をくぐらせ、筬《おさ》をはたりと打ち込む音だけが響く。一心に織り機に向かうひとびとが放つ空気はとても清々しい。

「志村さんはとても芯の強い人なんだと思います。織られた布地からそれを感じます。

私にとって、生きることは織ることでした。

色の出し方はふわっとしてきれいだけど、あれだけ多彩な色を組み合わせて、さまざまな世界を作り出すんですから。そこには必ずセンスが感じられて、なおかつモダン。パッチワーク的に色を組み合わせたものもモダンなんです」

　中田はこの日、新しい着物をあつらえようとしていた。作品集を見ながら選んだのは、「重陽《ちょうよう》」と名付けられた、やはり濃い藍色に黄色の飛び柄が織り込まれた着物だった。志村は自分の作品に名前をつけることが多い。「松島の雪」「ガリラヤ」「星」「秋霞《あきがすみ》」「湖北《こほく》残雪《ざんせつ》」「磐余《いわれ》」……。その名前からは、志村が愛読してきた文学作品や、世界を旅して見聞きしてきた「美」のエッセンスが感じられる。「重陽」とは旧暦九月九日の菊の節供のことで、あざやかな黄色は菊の色を象徴したものかもしれない。

　注文した「重陽」のこと、旅した国々の工芸のこと。志村との会話は広がっていく。高齢の身をいたわる中田に、志村は、

「苦しいけど、自分をそんなに甘やかしちゃいけないから」

と言った。

「僕も死ぬまで修行だと思っています」

「私もそう思っているの。だって、生かされているんですもの」

立場は違っても、ふたりは工芸を愛する同志なのである。

志村ふくみの長女で染織家の志村洋子と。新しい着物選びでは洋子のアドバイスを求めた。藍染をはじめ、日本の染織が持っている精神性をどのように伝えていくか。洋子は旧暦に基づき藍を建てるのも「我々の生き方として続けてきた」と言う。

嵯峨野の山、木々、草花から、色をいただいて。

志村ふくみ

染織家・エッセイスト　重要無形文化財保持者

1924年滋賀県生まれ。31歳の時、母・小野豊の指導で植物染料と紬糸による織物を始める。重要無形文化財保持者（人間国宝）、文化功労者、第30回京都賞（思想・芸術部門）受賞、文化勲章受章。著書に「一色一生」（大佛次郎賞）、「語りかける花」（日本エッセイスト・クラブ賞）など。アトリエシムラ Shop&Galleryが東京・成城と京都・四条河原町にある。

鹿が鳴き交うこの場所に、源氏物語の世界がありました。

山本 茜

京都府　截金《きりかね》ガラス作家　文＝千葉 望　撮影＝鍋島徳恭

伝統的な装飾技法・截金をガラスと組み合わせて自由な心象風景を作り出したい。そんな志を持って山本茜が生み出した技法が「截金ガラス」だった。きっと千年経っても、変わらぬ美しさで輝き続ける。

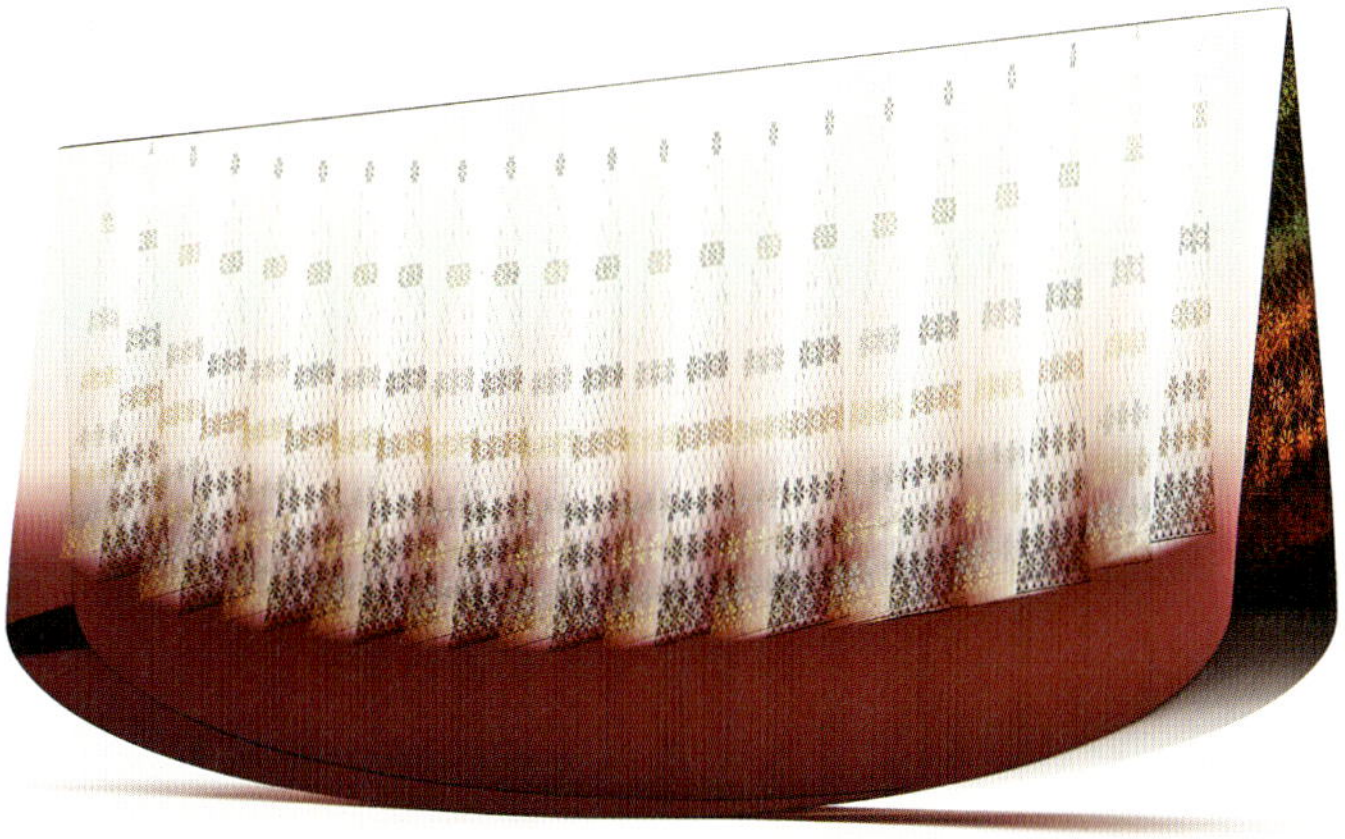

源氏物語シリーズ　第十帖「賢木」余話（別れのお櫛）　個人蔵

截金で自由に心象を表現するために「截金ガラス」が生まれた。

京都中心部から車を走らせて、およそ一時間。山に囲まれたこぢんまりした平地にひっそりと立つ家が、截金ガラス作家・山本茜の自宅兼アトリエである。同じ敷地内にはちょっとした町工場ほどの広さの建物があり、中には、ガラスを溶融する窯や大型の研磨機がいくつも並んでいた。こちらはまさに「工場」の趣だが、たくさんの人々が働く工場と違うのは、機械を操るのが山本たった一人だということだ。

截金とは、もともと仏像や仏画を荘厳《しょうごん》するための装飾技法だった。金泥《きんでい》を使う手法などの発展により、仏教美術の技法としては一旦衰退したものの、やがては茶道具や木工品を緻密な文様で飾るようになった。山本は、京都市立芸術大学で日本画を学ぶかたわら独学で截金を始め、2000年から截金の人間国宝・江里佐代子に技術を学んだ。しかし時とともに、装飾のための截金に限界を感じ始める。

「自由に心象を表現できる絵画に比べると、それまでの截金がとても不自由なものに感じられました。なんとかして截金を主役にした作品を作りたい。それなら、截金をガラスに挟んで宙に浮かせるようにできれば、自由な表現が可能になると考えたのです」

こうして截金ガラスという手法が生まれた。自然光の中で山本の作品を眺めると、幾層

右　金箔やプラチナ箔を桜の花びら形やしずく形などの小片に彫り抜くための道具。伊勢型紙用の道具を転用している。
左　頭の中のイメージに合う色を求め、材料となるガラスを海外から輸入する。
左ページ　ガラスの上に截金を施す。非常な集中力を必要とする作業である。山本は一日に20時間近く創作に打ち込むこともあるという。

喧騒を離れてひとり。
作品のイメージが降ってくる。

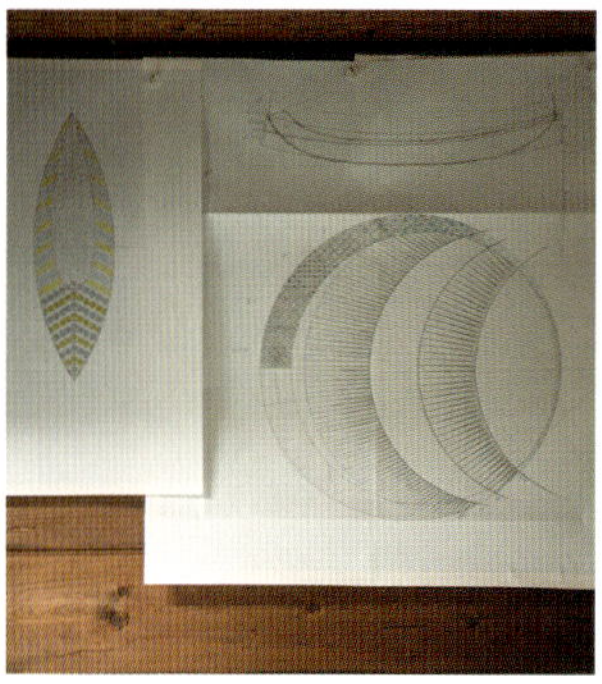
1

2

3

4

5

6

7

8

9

10

11

12

1.アイデアを形にするため、まず設計図面を描く。 2.数枚の金箔を重ねて火鉢で焼き合わせ、厚みを出す。 3.厚みの出た金箔。(2.3.「家庭画報」2017年5月号／世界文化社刊／撮影＝鍋島徳恭) 4.鹿革を張ったボードの上で金箔を細く切っていく。 5.糸のように細く切られた金箔。 6.右手の筆で金糸の一端を取り上げ、糊を含ませた左手の筆でガラスの上に截金を施していく。 7.一つの層を仕上げるだけでも気が遠くなるほどの時間がかかる。 8.ガラスを重ねて石膏に包み、電気炉に入れて熱する。 9.ガラスの融着が終わると石膏をハンマーで割る。 10.ガラス同士が融着した截金ガラスの塊。寸法を測り、研磨の準備。 11.いくつもの研磨機を使い分けて削っていく。そののちに磨きの工程がある。 12.理想の形状になるまで削り続け、磨き続ける。 左ページ この精密作業に山本は昼夜問わず没頭する。

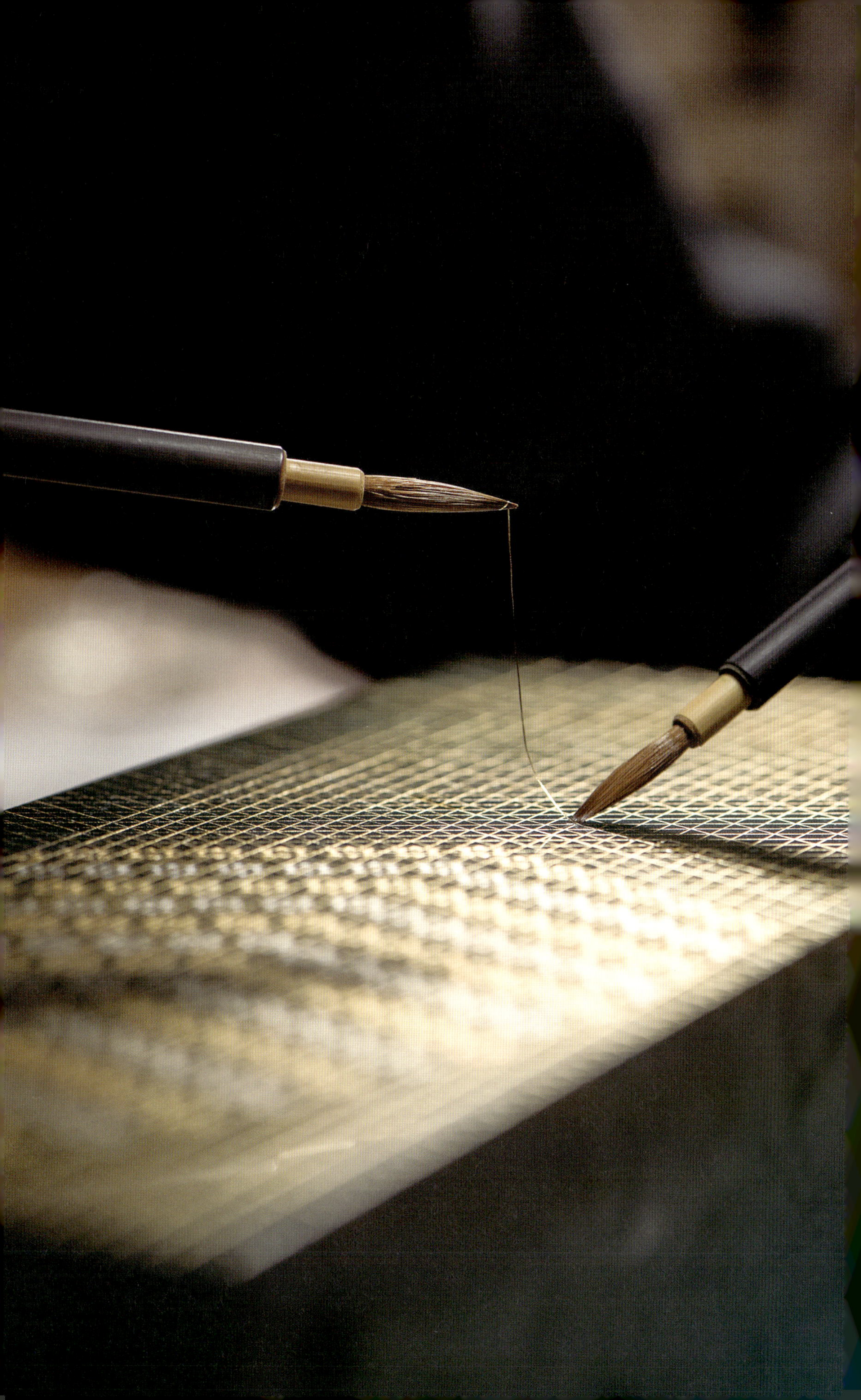

にも重なったガラスの上に繊細な文様がきらめき、彼女が表現しようとしている世界に吸い込まれそうになる。角度を変えてみると、また違う「景色」が広がる。なんと重層的で深みのある表現だろう。それぞれ作品はひとつだけ。制作に数年かかることもあるため、注文は受けない。コレクターには、完成した作品を個展で買ってもらう。この独特な美しさを知ったコレクターたちは、個展が開催される日を何年も待っている。

ガラスの塊を鏡のように磨き抜いた時、現れる世界がある。

山本は作品の構想がまとまるとスケッチを描く。それに従って、まずは数枚の金箔やプラチナ箔を焼き合わせて厚みを出したものを、鹿革を張ったボードの上に置き、竹刀《ちくとう》で切っていく。細長い糸状のもの、三角や花びら形のものなど形はさまざまだが、それ自体がとても美しい。切り出された素材を、両手に持った細い筆を用いて巧みにガラスの上に貼り付けていく。集中力を要する作業である。それが終わると、ガラス同士を融かし合わせて截金が宙に浮かんでいるように表現するという工程が待っている。

山本は30歳を過ぎてから、富山ガラス造形研究所でさまざまな技法を学んでいる。そのうちのひとつ、「融着《ゆうちゃく》」という技法によって、幾層もの截金を抱いたガラスの塊を作ることに

右　ガラスの特性である反射・屈折を学ぶために学生時代に作った「テストピース」の数々。
左　町工場のようにたくさんの機械が並ぶ工房
左ページ　電気炉から出したガラスが冷えたところで研磨を開始。大きなものだと40kgにもなる塊を山本は一人で運ぶため、細身ながらなかなかの「力持ち」である。

人生の残り時間で、あとどのくらい作れるか。

成功した。それでもガラスを窯から出す時は、どんな仕上がりになっているか、毎回不安にかられる。中に気泡が残ったり、せっかくの截金が崩れたり、停電で炉内の温度が急激に下がって割れたりすることもあるからだ。その後は徹底的な「磨き」の作業に入る。何種類もの研磨機で磨き抜いたのち生まれる作品は見事の一言である。中田英寿もまた、この世界に魅せられた一人だ。「初めて展覧会で作品と出会った時、截金ガラスの繊細な芸術性に圧倒されました。これは工藝なのか？ アート作品なのか？ と考えることすらさせなかった、圧倒的な美しさ。見た瞬間から、どうしても工房を訪れたくなりました。後日、工房を訪ねた際、截金ガラスの作業を見させていただくと、截金の精細な作業と、ガラスという重い素材を扱う山本さんの高度な技と集中力に、より一層惹かれました」（中田）

この本の企画が浮かんだ時、真っ先に同世代の山本のことを思い出したという。

「源氏物語」五十四帖のシリーズがライフワーク。

山本は、この家で過ごすようになって、源氏物語に描かれた四季が今も息づいていることを知った。初夏の蛍の群舞、秋鹿が鳴き交わす声、煌々と照る月、すだく虫の音。

「ここにきて、『真の闇』があることを知りました。あんなに吸い込まれそうな闇があるか

右　源氏物語シリーズの一つ「御法」。紫の上の魂が天に昇っていくさまを表した。截金がガラスの中を自由に漂っているかに見え、高度な融着の技法がうかがえる。（写真＝白岩貞昭）
左　同シリーズの「桐壺」。光源氏の誕生がテーマ。（©TM PHOTO OFFICE）※ともに佐野市立吉澤記念美術館寄託
左ページ　まだ銘の付いていないピラミッドのような形の新作で、テーマは「3という数字の神秘性」。安定や結束を感じさせる「3」の不思議に注目した。

宙に浮かび、交差し、きらめく。

ら、より一層、月夜がありがたく思えます」

　真の闇の中には、風の音や木々のざわめき、生き物の気配だけがある。ここで一人過ごす日々は、自分自身と深く対話する時間をもたらした。それによって山本は、少女時代から愛読してきた「源氏物語」の世界をより深く理解できるようになった。ライフワークの「源氏物語」全五十四帖を截金ガラスで表現するシリーズは、既に20作品を作り終えている。「自然に降ってくる」というアイデアは、彼女を取り巻く環境と無関係ではないだろう。

　第十帖「賢木《さかき》」余話（別れのお櫛）と名付けられた作品（P29）は、横から見ると櫛の形をしており、黄昏時へと向かう薄い青から濃い葡萄色へと変化するガラスで櫛の歯が表現されている。この色は光源氏の恋人・六条御息所の娘である斎宮が、伊勢への出発前、最後に眺めた京の夕焼けのイメージである。山本自身が伊勢から京都に戻った時に見た夕焼けから着想した。

　ところが少し角度を変えると、歯のひとつひとつに施された細密な截金が見える。山の端に輝く光を表したというが、あたかも、平安時代の高貴な女たちがまとう絹織物のようだ。それが幾重にも浮かんで、不思議な効果を生んでいる。

「頭の中にふっと浮かんだものをそのまま作りたいと思うんです。スケッチはもう全部できています。死ぬまでになんとか五十四帖を作り終えたいですね」

右　中学時代からずっと愛読してきた「源氏物語」。書棚には厳選された本が並ぶ。原文で読み込み、創作のインスピレーションを受けている。
左　いつも一点を凝視して作業をしているため眼精疲労が酷い。医師に勧められて金魚を飼い始めた。ゆらゆら泳ぐ金魚を眺めていると多少は疲れが取れる。
左ページ　「水鏡」という作品。考え抜かれた形状と重層的な截金文様により、器全体が水面のように光り輝く。（写真＝白岩貞昭）

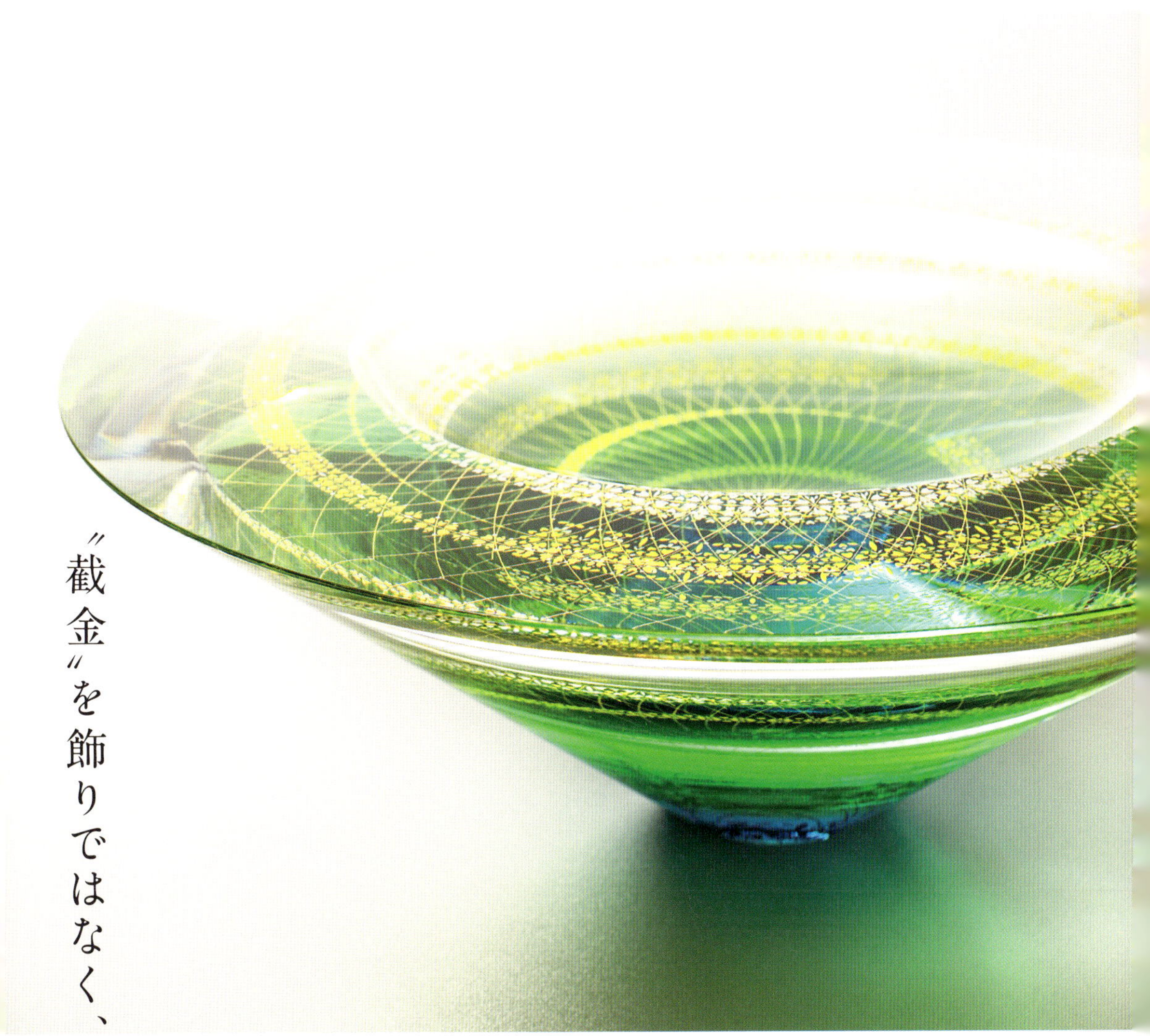

〝截金〟を飾りではなく、主役にするために。

山本 茜
截金ガラス作家

1977年石川県金沢市生まれ。99年に独学で截金を始め、2000年より江里佐代子に学ぶ。01年、京都市立芸術大学美術学部美術科日本画（模写・水墨画）専攻卒業。11年、富山ガラス造形研究所造形科卒業。第61回日本伝統工芸展NHK会長賞、伝統文化ポーラ賞奨励賞、京都府文化賞奨励賞など受賞歴多数。お問い合わせ先：ギャラリーNOW、そごう横浜店美術画廊。

撮影＝畠山 崇
作品名
「ここに到り洸得るあるがごとく
輝かずして諸物を明かす」

ひと碗に日本の伝統と革新を。

樂《らく》 吉左衛門《きちざえもん》

樂焼（京都府）

京の「ちゃわんや」こと、樂焼を現代に伝える樂家の十五代目。樂家は初代の長次郎や、三代道入《どうにゅう》（別名ノンコウ）ら数々の名工を生んできた。一子相伝ながら常に新しい樂焼を追求するのが樂家の家風とされるが、東京藝術大学で彫刻を学んだ吉左衛門は、イタリアに留学するなど海外での経験も豊富で、釉薬《ゆうやく》の工夫も重ねて独自の大胆な表現を編み出した。その茶碗は一見オブジェのように見えるが、実際手に取って茶を喫すれば、それが抹茶茶碗としての高い機能と芸術作品としての美を両立させていることが分かる。「吉左衛門さんのお茶碗は本当に大胆で革新的。数年前に開催された樂家歴代の展覧会（「茶碗の中の宇宙――樂家一子相伝の芸術」）を観ましたが、みんな違うのにそれが『樂』の世界の中にきちんと収まることに驚きました。日本の伝統と革新をここで垣間見られるところが素晴らしいと思います」（中田英寿）。

「樂美術館」にて所蔵。京都府京都市上京区油小路通一条下る
tel. 075-414-0304

Photo by Tadayuki Minamoto

大胆不敵な竹のアーティスト。

四代 田辺竹雲斎《ちくうんさい》

竹工芸(大阪府)

竹工芸を家業とする家に生まれた四代目。幼い頃から竹に触れながら育ち、自然に竹工芸を志す。優れた技術で生み出された作品は、早くから海外の美術館に収蔵されるなど高く評価されてきた。いわゆる工芸品のみならず、竹を使ったインスタレーションを発表し、現代美術の世界にも進出。竹という素材の美しさや表現の可能性を追求している。2016年にはフランスのギメ美術館において、日本人初のインスタレーション作品《五大》を発表。世界を構成する5つの要素が混じり合う世界を表現し、話題となった。「竹というのは古くから日用品や茶道具、建築材といった日本人の生活から切り離せない存在で実用性に優れている。一方で、固さとしなやかさを持ち合わせるから造形としても面白いと感じていました。竹雲斎さんは、美術や彫刻を学ばれているだけあって、実用的な作品もアート作品も美しい。まさに竹の可能性を広げる人だと思います」(中田)。

「髙島屋大阪店6階美術画廊」にて取り扱い。
大阪府大阪市中央区難波5-1-5　tel.06-6631-1101

伝統的手法「蛍手《はたるで》」から
生まれた新しい「美」。

新里《にいさと》 明士《あきお》

陶芸家(岐阜県)

蛍のような繊細な光に魅了される。成形した器に透かし彫りを施し、その穴を釉薬《うわぐすり》で埋めてかすかに透ける効果を出す「蛍手」という伝統的技法を駆使しながら、IT時代にふさわしい先端性を感じさせる。新里の透かし彫りを拡大してみると、その大きさ、形などが高度な技術によって自在にコントロールされており、釉薬で埋めたあとにかすかにもれる光の量まで計算され尽くしている。そのまま飾ってもよし、何かを盛り付けるもよし、花を投げ入れてもよし。使い手のイマジネーションを刺激してやまない。「彼の自由な発想で作られた作品を見ていると、工芸家もクリエーターだと感じます。伝統工芸とは決して古いものではなく、昔から続く技法や素材を使って新しいものを作るのだと思ってもらえればいいのではないかと思う」(中田)。光を当てることによって多彩な効果を生み出す新里の作品は、現代の家の中でこそ生きる工芸品と言えるかもしれない。

「しぶや黒田陶苑」にて取り扱い。
東京都渋谷区渋谷1-16-14 メトロプラザ1F　tel. 03-3499-3225

「雲龍庵」北村辰夫《更紗蒔絵十字架》
撮影＝渡邉修　画像提供＝金沢21世紀美術館

漆芸のマーケットは世界にある。

「雲龍庵」北村辰夫《華蒔絵聖卵》
撮影＝渡邉修　画像提供＝金沢21世紀美術館

雲龍庵　北村辰夫

漆芸家（石川県）

北村辰夫は石川県輪島市生まれ。過去の漆芸を深く研究し、その美意識や技術を受け継ぎながら自身の工房で職人を育て、独自の創作活動を展開してきた。作品の一つ一つに目を凝らしてみれば、その繊細な表現とそれを支える技術の高さに驚くばかりだ。作品は、数寄者に好まれる遊び心を豊かにはらんでいる。「北村さんは大変なセンスの持ち主で、彼が素晴らしい芸術を集約するとここまでのことができるんだなと感嘆するばかりです。普通の展覧会には出品しないので、国内では知っている人が少ないかもしれません。日本にはまだまだ優れた職人がいるので、コラボすれば国宝級の物が作れる事を北村さんの作品が示していると思います」（中田）。2002年にイギリスのヴィクトリア＆アルバート博物館で開催された個展を機に、海外でも高い評価を受けている。

「金沢21世紀美術館」にて所蔵。石川県金沢市広坂1-2-1　tel. 076-220-2800　※展示時期は未定

MITSUKE MASAYASU
Ceramic Art | Ishikawa

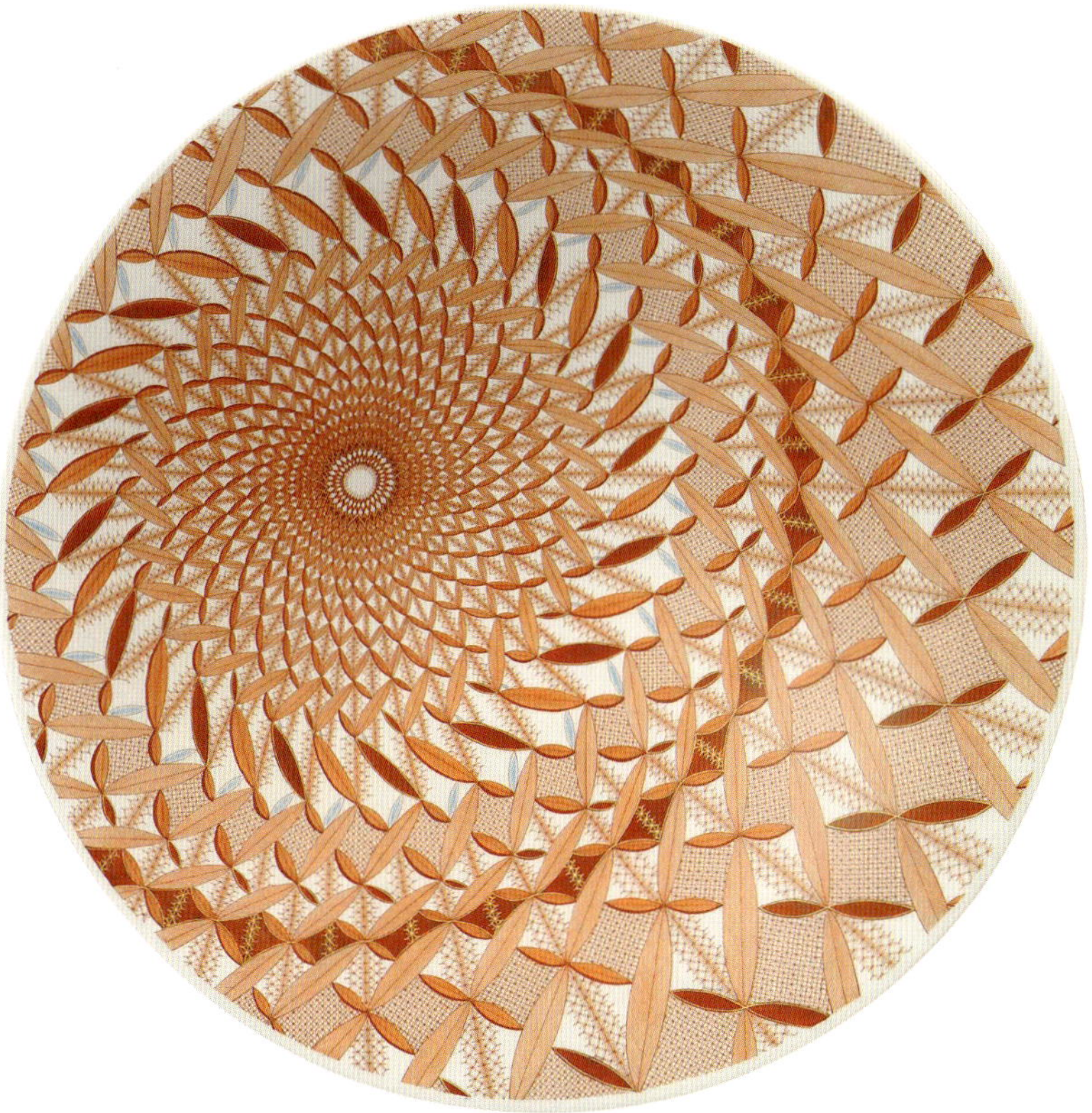

赤絵の幾何学。

見附正康《みつけまさやす》

陶芸家(石川県)

石川県加賀市に生まれ、郷里に住みながら伝統的な赤絵の技術を体得した見附。その技術を用いながら、繊細な線描によって見附独自の文様やパターンを器に描き出していく。彼の手によって生まれる細密な絵柄は、「機械によるプリントか?」と思うような緻密さ。実際には高い技術を持つ職人だけが描き得る完成度で、見る者に大きな驚きと感動をもたらしてきた。見附は瓔珞《ようらく》や七宝文《しっぽうもん》などの伝統的な文様を大胆に取り入れ、全体として非常にモダンで、洋の東西を超える新しい表現を生み出したといえる。「彼の絵付けを見た時、日本人ならではの細かい仕事ぶりに驚かされ、単純に『すげぇなコイツ!』と感激しましたし、きっと世界でウケると思ったんです」(中田)。一枚の大皿に描き出される見附独自の「宇宙」は見る者を飽きさせない。

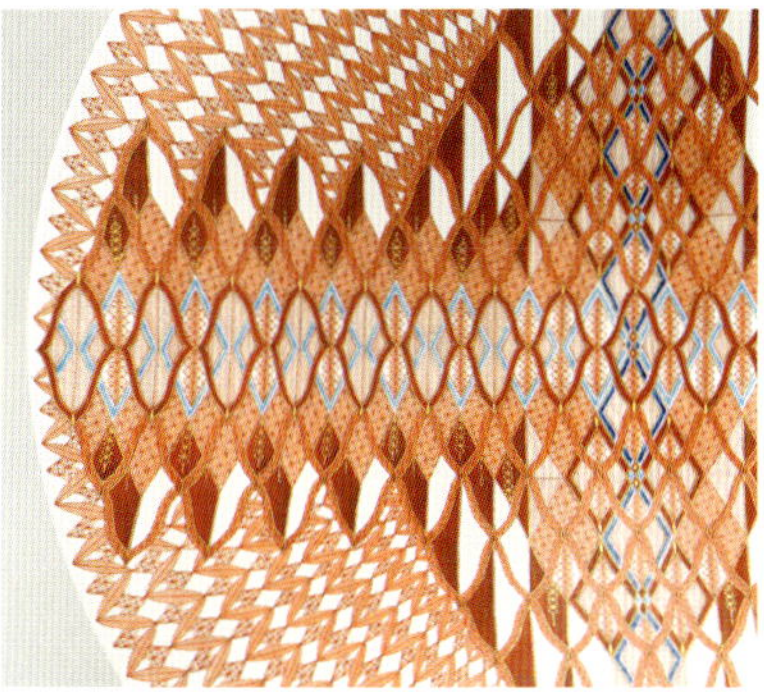

「オオタファインアーツ」にて取り扱い。
東京都港区六本木6-6-9 ピラミデビル3F　tel.03-6447-1123

蒔絵飾箱「麦穂」(1985年)

漆芸に込めた、未来の「JAPAN」。

室瀬和美

漆芸家　蒔絵(東京都)

柏葉蒔絵螺鈿六角合子(2014年)

蒔絵の重要無形文化財保持者(人間国宝)。漆で描いた部分に細かな金粉を蒔いて繊細な文様を表す蒔絵は、日本独自の華麗な漆の装飾技法として、1200年以上もの歴史がある。室瀬の作品は伝統的技法を用いつつ、新しいモチーフも取り入れる。また修復や復元制作にも力を入れ、技術の伝承にも取り組む。「ヒノキの木地の箱に漆を塗り、いかに大切かを示すために蒔絵を施す。丁寧に使えば千年後でも後世に伝えられる」(室瀬)。一方、登山家・三浦雄一郎のエベレスト登頂の際には、厳寒の地でも温かい食事が食べられるよう隊員の器を制作、漆の器が極地での使用に耐えられる事を示した。「室瀬さんは本当に勉強家で知識も豊富。漆は扱いにくいと誤解されていますが、傷ついても直せるもの。もっと広く使われてほしい」(中田)。西欧で「JAPAN」と呼ばれた漆を未来へ。

2019年1月25日～3月12日に「MOA美術館」にて特集陳列の予定。
静岡県熱海市桃山町26-2　tel.0557-84-2511

竹工芸品の中に「遊び」をもたらす。

撮影＝阿美智篤
作品名＝煤竹花籃「湧泉」

武《ぶ》関《せき》翠《すい》篁《こう》

竹工芸(東京都)

東京で竹工芸を家業とする家に生まれた三代目。竹工芸はまず竹を切って、材料となる「ひご」を作るところから始まる。細いものでは幅1mm以下となるひごを使って、組物、丸竹物、丸竹組物など様々な技法を駆使して生み出される竹工芸は「用の美」そのもの。手の込んだ美しさが日用品としての強さ、使いやすさに直結してきた。翠篁の作品は緻密なだけでなく、自由な遊びもある点が特徴的だ。あたかも即興で手が動いていくような、形も網目も自在に変化したオブジェのような作品もあり、竹の持つ特徴が存分に生かされている。ただ緻密さを追求せずに、光を通す大胆な網目の用い方などに、発想の豊かさがうかがえる。「僕は竹がとても好きで、素材としての可能性と面白さに注目してきました。形状を変えやすく編み方も千差万別。その特性をよく生かしているのが翠篁さんの作品だと思います」(中田)。

「竹工芸 翠屋」にて取り扱い。
東京都荒川区西日暮里3-13-3　tel.03-3828-7522

作品名＝花籃「玄武」

作品名＝花籃「来光」

ごちそう に・ほ・ん・も・の

和の素材が生まれ変わる冒険のひと皿。

レフェルヴェソンス

東京都　港区　フレンチ　文＝マッキー牧元　撮影＝砂原　文

日本特有の風土と文化を、深く、深くかえりみる。
そんなレストランが、西麻布にある。
そこは今、「再興」を掲げて、料理を世界に発信する。

苔が生えた切り株が出迎える。都会の中心にある「市中の山居」。

フレンチの料理人だからこそ、和の素材のルールを超えられる。

「レフェルヴェソンス」で使う食材は、ほぼすべてが国産である。フォアグラも出さなければ、鴨や肉類も国産で、西洋ハーブや黒胡椒も使わない。米酢や大徳寺納豆、西京味噌などを日本の食材と合わせ、料理を完成させ、時にはワインではなく、日本酒とペアリングする。

人によっては、「フランス料理店なの?」という人もいよう。しかし、主食材、ソース、ガルニチュール(付け合わせ)というフランス料理の基本となる三位一体の構築は、どの皿でもなされている。つまり堂々たるフランス料理なのである。

いやそんな議論さえ無意味なのかもしれない。この店で食べていると思う。日本の食材を使いながら、単なる日本回帰にはならず、和食の料理人でも踏み出せなかった、新たな料理の息吹を感じるのである。おそらく生江《なまえ》史伸《しのぶ》シェフは、未来のクラシック作りに臨んでいるのかもしれない。

中田英寿もこう指摘する。「ボーダレスの時代になってきていますから、〝食〟もこれからはボーダレスだと思うんです。ジャンル分け自体に意味がない」。そしてこの店を推薦する理由を挙げた。「生江くんのセンスの良さに尽きますね。味と食感を十二分に理解した上で構成している。彼自身いろんなことに思いを持ってやっているのが伝わってくる。常に精力

右　子供時代の、家族との楽しかった食の思い出に敬意を払ったという、アップルパイ。開店当初からアミューズとして出され、中身には様々な食材が使われて、今は数十バージョンになるという。
左ページ　鹿肉にホタテのソース。山と海の食材を合わせる時、まず考えるのが光景。鹿の生息地の先に海がありホタテが盛んに採れることから思いついたという。

皿の上で、山と海の恵みが手を結ぶ。

的に動き、色々な場所へ行っていますからね」。

中田が言うように、生江シェフほど、全国の生産者のもとを巡っている料理人を知らない。日本に限らず、世界中を巡っては料理を作り、日本の食文化の精神性を説いて回っている。

「日本特有の、67%は森林であるということを説明し、目の前は海ですぐ後ろは山が迫っている話をします。さらに自然災害の話をします。雨は地球の平均降雨量の倍あり、地震、噴火、火事がある。そんな大変な国で暮らしているからこそ、自然の万物一つ一つに畏れを抱き、八百万《やおよろず》の神が生まれたんですよという話をします」(生江シェフ)

食材への理解が、生産者の思いを継ぐだけでなく、日本文化や神道における背景まで及んでいる。だからこそ彼の料理は、ジャンルを超えて人の心に届き、刺す。

例えば鮎の料理である。西洋料理で鮎を扱うことにはリスクがある。なぜなら日本人には、鮎の塩焼きが絶対だという認識が定着しているからである。西洋料理で鮎のメニューを出して、これなら塩焼きの方が美味しいやと思われたら、作る意味がない。しかし生江シェフの鮎料理は、そんな思惑をはるかに超えていた。

夏のひと皿である。乾燥させて太白ごま油で二度揚げして冷まし、薪火で温めた頭を食べれば、バリバリと砕け、なんとも香ばしい。揚げ焼きにしてから炙った骨つきの片側の身は、我々の知る塩焼きの香ばしさがありながら、身はしなやかに舌の上で崩れ、ほの甘い。

右　開店以来のスペシャリテである、カブの料理の付け合わせとソース。
左　カブは季節によって産地を変える。カブの美味しさは冬だけではないことを教えられる。
左ページ　完成したカブの料理。生の辛味や香りに食感、加熱した甘みや香りが共存し、改めてカブの深さ、美味しさに胸打たれる。

野菜の姿かたちも愛でる料理を、やりたかった。

うるか（鮎の塩辛）と混ぜたマッシュルームが下に隠してあり、柔らかい苦味が鮎への思いを深くする。そして骨を外してフィレにした片側の身は、笹の葉に包んで一晩熟れさせてから、竹かごで蒸してある。食べるとどうだろう。今まで塩焼きでは気づかなかった、鮎の脂が生み出す豊かな甘みが広がって、陶然となるのである。おそらくどの日本人も知らなかった甘みだろう。さらにそこへ、鮎一匹分から抽出したというコンソメでとどめを刺される。目をつぶれば、清流を泳ぐ鮎の姿が映し出される。そこには、鮎への思いを深くする、鮎のすべてがあった。鮎の魅力を徹底的に分析し、既存料理の概念を捨てて、創造した料理である。

「日本料理ですと〝邪道なこと〟っていわれるかもしれませんが、フランス料理人だとそこの境界線は越えられて、こうやっていろんな楽しい世界を見せて差し上げられるんです。日本の素材の違う面も、ちょっと味わってもらえると思っています」

日本の素材と文化を掘り下げて、未来のクラシックになる料理へ。

生江シェフが提案する料理のもう一つの特徴は、ひと皿に海と山を共存させていることである。例えば夏鹿のローストには、胡瓜とわさびが添えられ、ホタテのソースが流される。食べれば、夏の鹿特有の優しい滋味をホタテの柔らかな甘みが、そっと持ち上げる。ひと皿の

使い込まれ磨かれた厨房。ランチの喧騒が終わり、ディナーに入る前の束の間の静けさ。

3

2

1

6

5

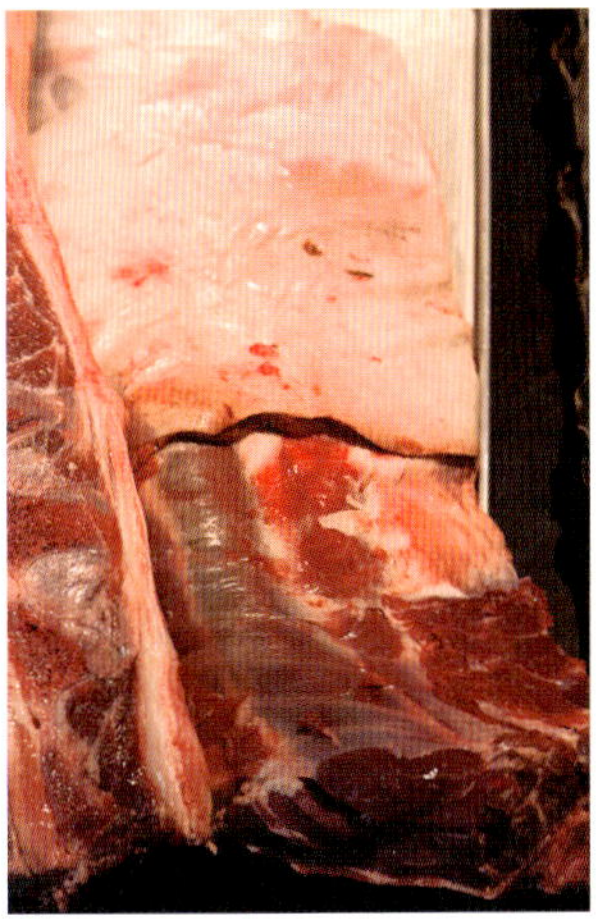

4

9

8

7

1～5. 生姜、銀杏、栗、蓮根、わさび、柚子、酢橘（すだち）、山椒、穂紫蘇（ほじそ）、鹿肉、酢、味醂など。厨房には生江シェフが全国を訪ね歩いた、日本の食材と調味料が数多く用意されている。 6.7.一座建立を目指し、お客様を迎えるために、心配りを隅々まで配する。グラスや楚々とした花がテーブルに用意される。8.9.食事の最後は鉄瓶で湯が沸かされ、薄茶が提供される。抹茶の良い香りが漂い、茶席のような空間に。

中に盛り込まれた海と山の産物が、共鳴し合う。

「2015年に改装した時から長らく、メインディッシュを通じて伝えたいことがあって、それは必ず山のものと海のものを合わせることなんです。和食でいうところの八寸です」

八寸だけではない。シェフの話には、一座建立《いちざこんりゅう》や市中《しちゅう》の山居《さんきょ》といった、茶道用語が出てくる。日本の食材と文化に比重をかけるようになっていた考えは、まず「ポストコロニアル」という発想から始まったという。フランス料理を目指す場合、どうしてもフランスを意識し、本場に負けない料理を作ることに意識が集中してしまう。だがそれでは食の植民地意識からは脱却できない。

中田が指摘するように、今はボーダレスの時代である。自国の文化を見つめ直し、その中でフランス料理として何が活かせるかを突き詰める。そうしてこそ初めて自らの食文化として昇華できる。生江シェフは、その哲学を意識して料理を作ってきたが、今はさらに一歩進んで、「再興」を指針としたいと語る。

「元々自分が持っていたルーツを、正確に引き当てて、もう一度物事に表していく。でもそれは、回顧主義でも古典主義でもなく、今までの文脈を踏みながらも全部引っ張り出して、新しさも古さも全部混ぜ合わせて、自分たちの自分たちらしさを表現しよう、っていうのが再興だと思うんです。その時のエネルギーは凄まじい。それが時代のページも変えていくっ

右　店の外の緑が心地良い。料理同様、店の内外に優れた素材と職人技がある。職人が手塗りで仕上げた黒漆喰の壁が落ち着いた雰囲気を醸す。
左ページ　抹茶を点てる美しい道具類(上)。
食後には目の前で抹茶を点ててくれる。スタッフは、宗和流で茶道の稽古を行い、美しい点前を見せる(下)。

一座建立。お客様と一体となる場を目指す。

ていうことになると思っています。自分が今の2018年の年代で、この年でこの料理をやっているっていうのは、それが役割なんだろうなと思ってやっているつもりです」

やはり彼は、新たなクラシックを生み出そうとしているのだ。今後の料理への考えも、着々と練られている。

「環境の変化、地球の温暖化という話が続いていて、今の方向性は間違っているぞというようなことを言っている人たちも出てきています。じゃあどうするかって話をした時に、未来に役立つ料理を作っていかなければいけないなっていうのが意識にあります。この鹿料理もそうですが、肉の量は多くない。今までが、例えば大きな肉にたっぷりのマッシュポテト、ソースペリグーと動物性たんぱく質と脂肪が8割ほどで、繊維と炭水化物が2割という構成だったとすると、それを逆転させたい。僕はヴィーガン料理屋を作るつもりはないですし、僕自身もヴィーガンでもないので、肉を外すっていうわけではないんです。人間の摂るエネルギーとして、肉の消費を出来るだけ少量にして、その代わりに野菜で足していきたい」

日本料理は魚が中心と思われがちだが、本来は野菜を軸とした料理である。肉と野菜の量が逆転した料理には、農耕民族であり、八百万の神を信じ、自然に畏怖を抱いてきた日本人の特有文化と精神が込められるのだろう。それこそが日本人でしか到達しない未来の料理として、世界に発信できるのだ。

左　生江シェフを、見事なチームワークで的確に支える、「レフェルヴェソンス」の優秀な若き料理人たち。笑顔に勢いがある。

左ページ　生江シェフが訪れた宮城・牡鹿半島の森にて撮影。「木の実やきのこ、香辛料…森のそこかしこに宝物があります」と生江シェフは語る（→次ページ）。

土地土地に出かけて、風土を体に取り込む。

レフェルヴェソンス

フレンチ　東京都　港区

ミシュラン二つ星のレストラン「レフェルヴェソンス」を率いる生江史伸。「再興」を掲げ、未来のクラシック作りに臨む。コラボレートによるブーランジュリー＆カフェや機内食の監修など、活動の幅を広げている。

東京都港区西麻布2-26-4

tel.03-5766-9500

完全予約制

風土としての森を歩く

10月某日、「レフェルヴェソンス」の生江史伸シェフは宮城県の牡鹿半島を訪れた。多忙な中でも「東京では勉強できない事が地方にはたくさんあります」と、日本の各地に足を運ぶ。ひと皿の料理に「山と海」を共存させる哲学は、実際に風土を自分の足で歩くという土台があってのものだ。牡鹿半島に来る時はいつも、「森の先生」と呼ぶ食猟師・小野寺望さんの案内で山に入る。2011年の東日本大震災後、被災地支援を通して知り合った。「人間が間違って山を育ててしまった結果、増えすぎた鹿を撃つ」という生き方を知った。動植物、山や環境全体に造詣の深い小野寺さんと過ごす時間は「いつも発見があります。物音ひとつ立てない狩猟の現場に立ち会ったり、森に生えているきのこや香辛料を自分の手で採ったりすると、五感を使うようになるんです」(生江シェフ)。今では店の若手たちも、ここを訪れ同じ体験をするようになった。風土にじかに触れる精神が、あの「レフェルヴェソンス」の料理に顕れている。(文=阿智勝利　撮影=砂原 文)

3

2

1

5

4

8

7

6

1.鹿の鳴き声がこだまする森に分け入る。　2.「森の先生」小野寺さん。狩猟をするが「ただ生き物の命をもらうだけでは申し訳ない」と食肉加工を始めた。その鮮度抜群の肉は多くの料理人が求めるものだ。小野寺さんもかつては東京でフレンチの料理人をしていた。　3.生江シェフが森で採ったアカモミタケ。自らソテーして初めて食べ、「旨味が爆発している」と野生の食材の力に驚いた。　4.食用きのこをナイフで採取。　5.巨大な倒木を発見。禍々しいほどの根の造形に圧倒される。　6.山から見る、石巻の夕暮れ。この穏やかな海が震災時には街を襲った事に思いを馳せる。　7.火を起こし、採取したアカモミタケのソテーや鹿肉のステーキを作る。「やっぱり料理する事が好きなんですよね」。　8.「鹿は生臭いと思い込んでいる人がいますが、小野寺さんのような方が仕事をした鹿肉はそんな事はない。すごくやさしい味なんです」(生江シェフ)

魚を生かし、輝かせ、
口の中にドラマが生まれる。
それが「九州前」。

天寿し 京町店

福岡県 北九州市 寿司 文＝マッキー牧元 撮影＝砂原 文

九州小倉に、世界中から客が訪れる寿司屋がある。
九州の魚を生かした「九州前」とも呼ばれる仕事を、
さらに磨き上げたその寿司は、
口の中で華やかなドラマを展開し、人々を魅了する。

3

2

1

6

5

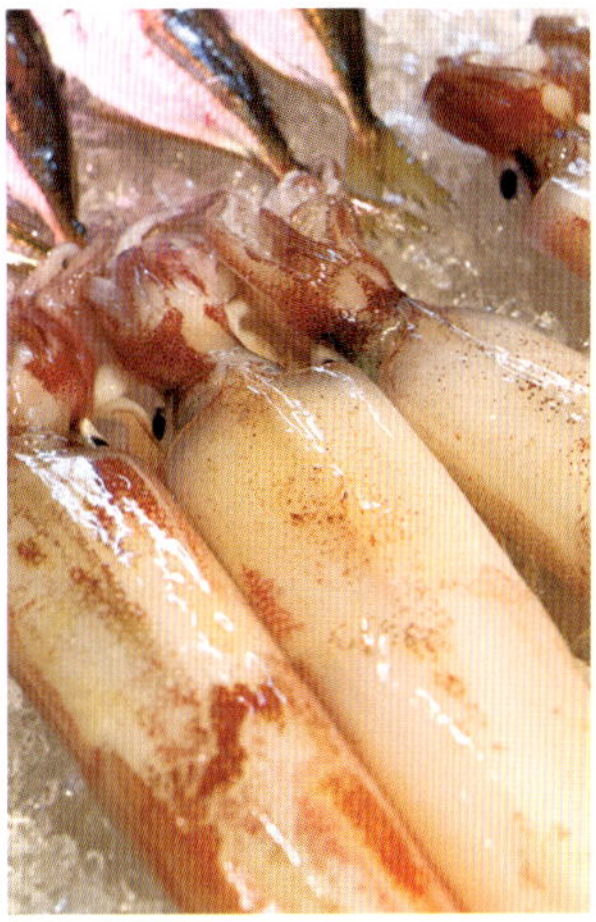
4

9

8

7

右ページ　朝6時、店主の天野功さん自ら看板を磨くことから店は始まる。
1. 魚は北九州市中央卸売市場から運ばれる。 2〜3. 市場で競り落とされた、極めて質の高い赤ウニと車海老。全国から注文が入る。4. このイカが「天寿し」で華を開かせる。 5. 仕事前に神棚に手を合わせる天野さん。6. 市場でセリが終わり、朝日が昇る。 7. 予約の電話が、頻繁に入る。 8〜9. 酢飯は毎朝、天野さんが自ら切る。

煮切りや醤油を使わず、カボスで食す無二の寿司。

「天寿し」の握りには、ドラマがある。生命の複雑さを物語る、ドラマがある。

例えば鯛は、鯛の切り身と酢飯の間に、鯛の肝をかまして握られる。口にすると鯛の爽やかな香りがきて、鴨頭《こうとう》ネギやもみじおろしのアクセントがあり、やや遅れてねっとりと甘い肝が流れてくる。その途端、鯛は艶を帯びて酢飯と抱き合い、舌をコーフンさせる。

あるいは、おろし生姜とゴマ、醤油パウダーが上に乗せられたアジを食べる。アジ自体の青々しさを感じさせる香りが、最初に漂った後に、生姜とゴマの香りが追いかける。そこへ醤油パウダーの甘い香りが加わって、アジの脂と混じり合い、うま味をそっと膨らます。

昆布〆したキスの握りは、柚子胡椒が間にかまされる。キスに柚子胡椒は強すぎるかと思った瞬間、柚子の優しい香りに包まれたキスの淡い甘みが際立つ。「九州の調味料である柚子胡椒は白身に合うんです」と店主の天野功さん。市販のものではなく、辛味を抑え香りを立たせた自家製を使う。

こうしてどの握りも、他の寿司屋と異なり、煮切りや醤油を使わないスタイルで供される。緻密に計算された味付けによって、味や香りの融合と変化が起き、口の中でドラマを演じるのである。江戸前の仕事とは違う「九州前」とも呼ばれる仕事の数々は、九州の魚の

右　塩は、タイプの違う「またいちの塩」と「一の塩」の2種類を使う。
左　マグロをおろす真摯な目つきに、厳しさと愛がある。
左ページ　後からねっとりとした甘みが膨らむクエ（上）。ツメの甘みが淡い甘みに色気を与える帆立。

独自の握りが、舌の上でドラマを生む。

魅力をシンプルに生かしたいと思った、「天寿し」の先代・天野時夫さんによって考えられた。その仕事を受け継いだ現店主の功さんは、魚がさらに生きるように、一つ一つの仕事を磨き上げ、改良を施し、今の仕事がある。

他店では出会えない仕事の魅力に、人々は惹かれ、今では世界中からお客さんがやってくる店となった。しかし中田英寿の飲食店を見る視点は、独創性や斬新さとは、やや違うところにある。

「自分にとっては、それが何料理か、何流であるかということよりも、食材の素晴らしさを感じる力を大切にしています。ですから素材の力を知るために農家や漁港など、全国の生産者を訪ねている。そんな中で、食材の良さだけに頼るのではなく、元々素材が持っている味やテキスチャーをどのように使い、引き伸ばして、生かし、食べ手にどう響かせようとしているのかというセンスを感じると、一層おいしいと思う。それは、食べ物でも飲み物でも一緒じゃないかと思うんです」

実にシンプルに、フラットに食事と向き合っている姿勢である。「おいしさ」を判断する感覚の多くは味覚と思われているが、実は17%ほどしか影響していないとされる。人間は往々にして、店に出かける前の情報や、視覚や嗅覚の情報に左右されている。だが中田は、食材を生かす職人のセンスを見抜くことに、力を傾ける。だからこその「天寿し」なのだろう。

右　爽やかな香りと上品な酸味の大分県産カボスが、魚をシンプルに生かす。
左ページ　食感を生かし、甘みを引き出した精妙な茹で具合の車海老（上）。炭火で炙り、皮を酢飯側にして梅肉を乗せた太刀魚（下）。

魚を生かすように磨かれた仕事が、味を輝かす。

その「天寿し」特有の魚を生かす仕事の一つに、中田は酸味を挙げている。

「あのカボスですね。甘みも含め、酸というのを意識して、うまく使っていらっしゃるという印象がありました」

「天寿し」では、イカやクエ、貝柱などの握りに、大分県産カボスと二種類の塩を合わせる。その酸味のために、酢飯にはごく少量の砂糖を加えている。酸味はカボスだけではない。甘鯛や炙った太刀魚には、梅干しのピュレを少し乗せる。梅干しの熟れた酸味によって甘鯛や太刀魚は、その上品な甘さを際立たせる。なんとも心憎い演出ではないか。

これほど美しく彩られたイカは見たことがない。

さらに中田は、寿司屋がおいしいかどうかのポイントはイカだという。

「僕の場合、おいしいと思うお寿司屋さんはね、やっぱりイカがうまいんですよね。包丁の入れ方も含めて、どこに行ってもイカがうまいお寿司屋さんは、他のものもうまいことが多い」

「天寿し」のイカは、華やかである。横と斜めの二方向から飾り包丁を入れた赤イカは、花のように開き、そこへすだちが搾られ、塩が振られ、トビッコと木の芽が乗せられ、錦ゴマが散らされる。一瞬食べることをためらうほど、美しい。トビッコの粒々と弾む食感の中から、

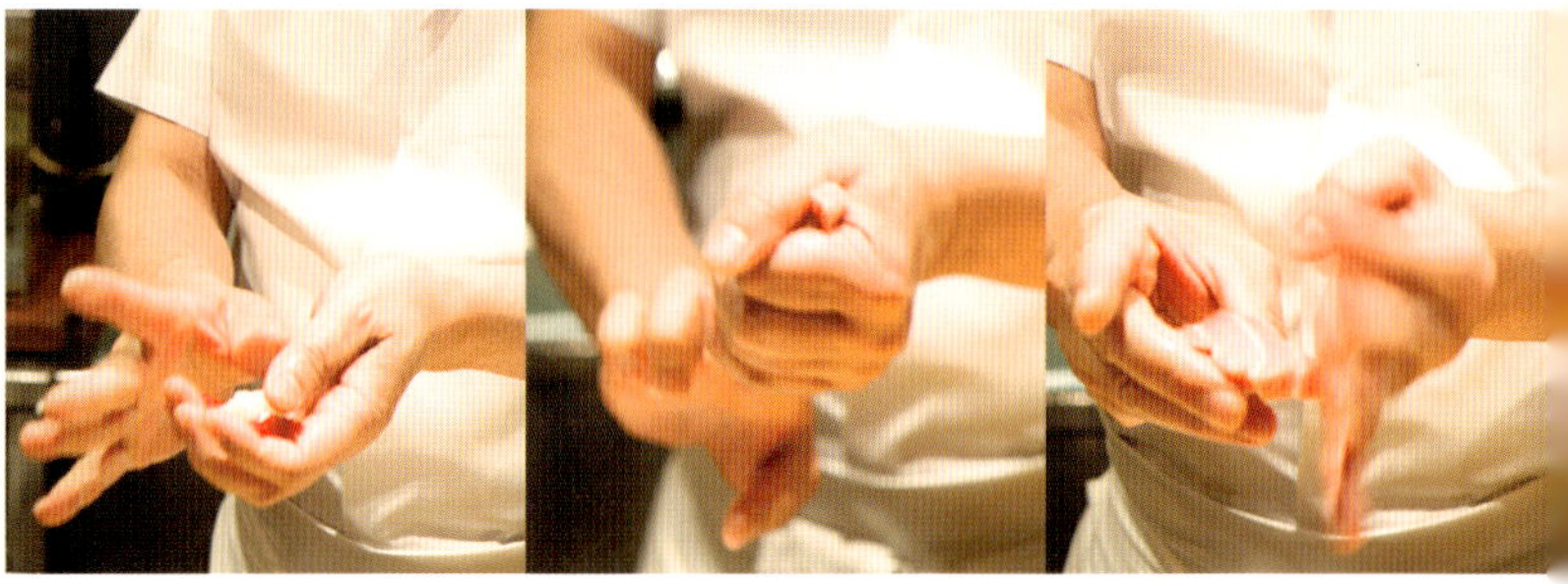

右　強く優しく空気を含ませながら、魚への想いを込めて握る。
左ページ　名物のイカの握り。包丁が多く入れられたことにより甘みが増す（上）。甘酢漬け茗荷と羅臼昆布を乗せた小アジ酢〆（下）。

塩によって引き立てられたイカの甘みが現れて、思わず顔がにやける。艶やかな姿の中に秘めたイカの豊かな命に、陶然となる瞬間である。しかし天野さんの巧みさは、こうした酸味使いだけではない。時には粉醤油やヅケも使って、握りの流れに緩急とメリハリをつける。「中田さんにカボスもいいけれど、それぱかりだと味が整いすぎるので、他の強いものも欲しいと言われた事もきっかけとなり、考えました」と天野さん。例えば中トロは、マグロ節で取った出汁《だし》にしばし漬け込み、ヅケにして握る。ヅケは、舌と同化するように崩れ、中トロの脂と酸味に、出汁のうま味と燻したような香りが絡み合い、色香を醸して、どきりとさせる。そうしてヅケは、心を弄びながら、ゆっくりと消えていく。ここにもまた、ドラマがある。

夏の赤ウニには、出汁醤油が軽く塗られ、甘みの奥底に味のコクを加える。その味わいには、切ないような色気があって、溌剌《はつらつ》たる有明海苔の香りに揉まれながら、官能を誘惑する。車海老は、お客さんが男女どちらかによって微妙にサイズを変え、絶妙な茹で具合で握られる。中心部の一点をまだレアに仕上げた海老は、歯で断ち切る食感をギリギリの際で残し、カボスの酸味によって甘みに気品を持たせている。

夏の名物であるマグロの中落ちの手巻き寿司は、海ぶどうと一緒に巻かれる。噛めば潮の香りが放たれ、続いてマグロの鉄分と香りが広がり、海苔の香ばしさが最後に花開く。目をつぶれば、大海を勇壮に泳ぐマグロの姿が見える。

左ページ　キレイに脂がのったトロは、きめ細かく滑らかで、舌に溶けるかのように消えていく（上）。マグロ出汁に漬けた赤身は、鉄分の味わいを深くし、唸らされる（下）。

マグロの優美さに、陶然となる時が待っている。

フレンチの名店で寿司のアイディアがひらめいた。

天野さんは、おいしいと聞いたら全国どこへでも飛んでいく。全国の優れた寿司職人の仕事を味わいながら、小倉でしか出来ない仕事を考える。また時にはフレンチなど洋食にも出かけ、ヒントを得ることもある。粉醤油は、大阪の名店「カハラ」で学び、東京の三つ星フランス料理店「カンテサンス」では、穴子の新しい煮方を思いついたという。

「料理屋だけではありません。お客さんを迎えるなら、一流ホテルに泊まり、ハイヤーに乗って、利用するお客さんの気持ちを考えろと言われ、そうしています」と語る、天野さんの接客も素晴らしい。常連も初見の客も区別なく、緊張を強いることなく、心底くつろぐことができる。店内は清潔感に満ち、魚の匂いなど一切しない。

「でももう新しい仕事はしません。前に来たお客さまが半年後、一年後に来ていただいて、違う寿司だと期待を外すことになってしまう。だから今ある寿司の仕事の質を高めていくことだけを考えています」

ご病気をされてから、考え方を変えられたのだという。でもそのあとに、「と言いながらも、また変わるかもしれませんね」と、笑われた。「天寿し」は、楽しくも嬉しくもあり、明日をのぞき見たい寿司なのである。

「天寿し」の全スタッフ。分刻みながら見事なチームワークでそれぞれの仕事を行う。「若い人を育てていくことを、今は一番に思っています」と、天野さん。
左ページ　午前中、若いスタッフが時間をかけて店の隅々まできれいにする。昼の開店時間が近づくにつれ、店内に心地のいい緊張感がピンと張っていく。

今ある仕事の質を高めていくことだけを考えています。

天寿し　京町店

寿司　福岡県　北九州市

九州を代表する寿司店。昭和14年創業、天野功さんは2代目。寿司は握りのおまかせのみで、めくるめく全15種類。お酒は提供せず、客はひたすら握りと向かい合う。

福岡県北九州市小倉北区京町 3-11-9
tel.093-521-5540

YANAGIYA
Washoku | Gifu

日本の豊かな山の恵みが、
体に滴り落ちる。

柳家

郷土料理(岐阜県)

岐阜の山奥で古民家を改造して営む。決して交通の便は良くないが、全国から客が押し寄せる。天然の鮎やうなぎ、味《あじ》女《め》泥鰌《どじょう》などの川魚、秋の茸、冬の鹿や猪、月の輪熊、野鳥類などを、すべての個室に設えられた囲炉裏で焼き、食べる。その風情がまたいい。ジビエが得意でないと言う中田も、この店は好きで足しげく通うそうだ。「雰囲気が素晴らしく、特に外国の方に喜ばれる。そして食材のクオリティ、その火入れ、また味付けが絶妙」。春の山菜鍋や五月マスのお造り、囲炉裏にかけて作られる猪の鍋や鴨鍋、締めの天然自然薯麦とろご飯や茸ご飯など、一年を通じて、日本という国の豊かな山の恵みを、シンプルに、存分に楽しむことができる。

岐阜県瑞浪市陶町猿爪 573-27
tel.0572-65-2102
完全予約制(4人以上)

富山の恵みと文化に
敬意を払い、誇りを込める。

レヴォ

前衛的地方料理（富山県）

富山市郊外のホテル内にある。谷口シェフはフランス料理出身だが、「フレンチにこだわりすぎず、独自の世界観を作り上げている。また地元の食材を使うというよりも、その土地のものでなくては出来ない形を生み出している」と中田が言うように、ジャンルの枠を超えてこの店でしか出会えぬ、世界に通ずる料理を創造する。蛍烏賊、ズワイ蟹、富山葱、牡蠣、菜の花、熊、コンカイワシ、ゲンゲ、黄蕪、ブルーベリー、猪、百合根、オコゼ、小矢部トマト、呉羽梨などに命が吹き込まれ、新たな味覚の天体を創造する。店名に込めた「進化」や「革命」の具現である。器や銀器、飾りも富山の職人の作品。生産者や職人とともに、富山の文化を高めていこうとする強い意志がある。

富山県富山市春日56-2 リバーリトリート雅樂倶内
tel.076-467-5550
完全予約制

めくるめく牛肉の魅力に
心がとらわれる。

よろにく
焼肉(東京都)

味付けはタレか塩で、自分で肉を焼く、という従来の焼肉店の概念を変えた店。中田も「肉を"焼く"という意味を的確に考えた仕事が味わえる」と評価する。それぞれの部位を、最も美味しく味わえる大きさに切り、店員が焼いて仕上げる。焼くだけでなく、蒸す手法もあり、時季にはトリュフなど高級食材との見事な相性も提供する。皿数は多いが、「食後感も軽く、日本酒の揃えにこだわりがある点もいい」と中田が言うように、最上質の肉を使っているため、余韻が軽く、肉の味付けやメリハリをつけたコースの流れ、合わせる酒など、よく練られていて飽くことがない。締めのビーフカツサンド(限定の特別コースのみ)や肉の小丼も逸品。牛肉の様々な魅力を発見できる店だ。

東京都港区南青山6-6-22 ルナロッサB1
tel.03-3498-4629

どこにもない、
孤高を追求。

三谷

寿司（東京都）

中田が「寿司屋でも割烹でもなく三谷流の料理が凄い」と絶賛。赤酢と赤ワインを融合させた酢飯を使うなど、他では出会うことの叶わない、独自の世界を切り開く。何度訪れても新しい料理が出されるのは、店主・三谷さんの研鑽の賜物だろう。異なる食材をひとつにして未知なる"個"を創造するのがテーマ。江戸時代の仕事を参考にしたという、〆鮪と〆コハダのミルフィーユの相性に驚き、ウニの冷しゃぶと貴腐ワインとのエレガントな出会いに心を溶かす。鮪を生かすキャビアの存在に唸る。一品ずつ珠玉の酒とともに供され、「料理を心底大事にしていると思う。お酒も、料理を構成する一部なんでしょうね」と中田が言うように、すべてが孤高の境地にある、稀有な店。

東京都新宿区四谷 1-22-1
tel.03-5366-0132
完全予約制（予約には紹介者が必要）

“いい塩梅”で生きる
最高の食材と
しなやかな心遣いに包まれて。

神楽坂 石かわ

和食（東京都）

東京を代表する割烹。ミシュラン三つ星であり、予約至難な店でもある。中田は、「素材の良さとそれを活かす方法、味付けのバランスが素晴らしい」と薦める。例えば毛ガニの土佐酢ゼリーは、毛ガニ自体の質の高さを痛感する風味があって、ゼリーの塩梅が実に精妙。甘鯛と筍の煮物椀は、互いの柔らかな甘みが出会って、春への感謝を深くする。高級店だが、敷居の高さはなく、お客目線でのしなやかな心遣いが随所に光る。「料理も石川さん（店主）の接客も、“いい塩梅”という言葉が表すようなお人柄であり、日本食を選ぶとなると、この店になる」と中田も言う。さらには「最後の炊き込みご飯がおいしい」とも。あさりと蕗《ふき》、生姜の炊き込みご飯など、季節の喜びが待ち構える。

東京都新宿区神楽坂5-37 高村ビル1F
tel.03-5225-0173
完全予約制

日本家屋の奥に潜む
独創的イタリアン

リストランテ ラ・バリック トウキョウ

イタリアン（東京都）

閑静な住宅街で古い日本家屋を生かした店。中田が「これまでに色んなお店に行かれている人を連れて行っても喜ぶ」と言うように、何気ない料理でも隠された独創があり、食欲と知的好奇心をくすぐる。看板料理のイカスミリゾットは、忍ばせたトマトソースの酸味とウニやイカの甘みが、優美な味の共鳴を作り出す。その他、軽く燻製を効かせた秋刀魚とミントの香りが出会う、エレガントなテリーヌなど、「味の構成がよく練られているイタリアン。東京のトップクラスだと思います」と、中田も絶賛する。坂田オーナーの細やかで、心温まるサービスや、彼が提案するワインのペアリングもバリエーションに富み、ワイン通も喜ばせてくれるだろう。

東京都文京区水道2-12-2
tel.03-3943-4928
完全予約制

土と川のあたたかさと
たくましさに体が浄化される。

欅苑《けやきえん》

田舎料理（新潟県）

築150年の茅葺田舎造りの民家を改築した、食事処と宿。自家菜園で採れた野菜を始め、南魚沼で採れた食材を使った料理を供す。春は山菜、夏は囲炉裏で焼く天然鮎や岩魚、秋は茸、冬は根菜と、里の恵みによる料理が、しみじみと美味しい。自家製がんもどきや自然薯の海苔巻きなど名物料理もある。中田はさらにご飯に驚いたと言う。「お米が大好きで、全国様々な米農家を回りましたが、ここのコシヒカリには格別ビックリさせられました。今でも、新米ができると一番に送ってもらいます」。自ら作ったその米は、光り輝き、甘い香りに満ちている。郷土料理のっぺい汁と食べるのもよし。泊まって朝食に食べるのもよし。日本人としての至高の幸せが待っている。

新潟県南魚沼市長森24
tel.025-775-2419
完全予約制

余分な雑味を抜き、
真の滋味だけを引き出す。

田ざわ

天ぷら（北海道）

「それまで、天ぷらを食べて感動した経験はなかったが、『田ざわ』で天ぷらの概念が変わりました」と中田が推薦する、極めて真っ当な天ぷらを供す。「なぜか食べた後が軽い。特にエビが素晴らしい」と褒めるように、ご主人は、魚介や野菜の余分な水分や臭みだけを抜き、芯にある滋味を引き出す、精妙な技を持つ。エビやイカ、キス、穴子などはもちろん、白子やズワイ蟹の湯葉巻き、ホタテの磯辺揚げ、万願寺唐辛子やふきのとうにエビを詰めた一品など、独創的天ぷらも素晴らしい。締めには天茶、天バラ（かき揚げの丼）を選べる。デザートに出される季節の自家製シャーベットや、百合根の饅頭や蓮根餅といった自家製菓子も一級と、一点の曇りもなき天ぷら屋である。

北海道函館市杉並町23-10
tel.0138-56-2023
完全予約制（予約には紹介者が必要）

おもてなしに・ほ・ん・も・の

沼津倶楽部

静岡県 沼津市　文＝富田昭次　撮影＝大森忠明

名匠たちと名うての経営者が
精魂込めて創建した沼津倶楽部。
端正な空間に身を委ね、その喜びに浸る。

いまも
端正な佇まいで、
名士たちを迎える。

明治時代の文化人のサロンがいまよみがえる。

静岡県沼津市は今日、活気ある魚市場と飲食店街で観光地としてのにぎわいを見せているが、かつて、高級別荘地として大きな名声を博していたことをご存じだろうか。

いまから125年ほど前の明治26年、気候が温暖なことと、千本松原などで風光明媚な地域であることから御用邸が建てられた。以後、多くの知名士が別荘を構えたという。

その知名士の中に丸見屋（のちのミツワ石鹸）二代目社長・三輪善兵衛《みわぜんべえ》がいた。彼は、明治40年に近代和風建築の別邸「松岩《しょうがん》亭」を建てた。全室が茶室という珍しい構造で、庭園を整えて千人茶会の開催を目指した……。それから幾星霜《いくせいそう》、老朽化し、空き家同然となっていたこの名建築は修理され、8室の宿泊棟を加えてよみがえった。中田英寿が「レストランとして利用されている和館と庭園が特に素晴らしい」と絶賛した沼津倶楽部のことである。

この貴重な遺構を含めて宿を運営しているのが北山ひとみさんだ。30年にわたって栃木県那須で「二期倶楽部」を運営し、オープンカレッジ「山のシューレ」を毎年開催したり、話題の建築家・石上純也氏が手掛ける「水庭」をプロデュースするなど、多彩な活動で文化リゾートを築いてきた人と言えば、お分かりになる方もいよう。

「那須では、眠っていた文化資源を掘り起こして、自らの構想力で編集し、文化の拠点と

右　数寄者（すきしゃ・二代目三輪善兵衛のこと）が好みに任せて建てた、と評された和館の旧松岩亭。
左ページ　和館では手作りの吹きガラスが多く残されている。外の景色がわずかに歪んで見えるところからも歴史が感じられる。

時代のはじまりをこの部屋は見守っていた。

して育ててきました。ここ沼津倶楽部も貴重な文化資源ですので、同じ姿勢で運営できるのではと思い、手がけることにしました」

北山さんが大切にしてきた信念は「文化は経済を凌駕《りょうが》する」ということ。だから、利益優先の経営者とは感覚を異にする。その北山さんの考えが沼津倶楽部でも反映されるようになった。平成26年のお披露目茶会には、東京国立博物館名誉館員・陶磁研究家の林屋晴三氏を迎え、また毎年、将棋の棋聖戦の舞台を提供し、さらに、北山さんは知人との尽力で、井山裕太名人の囲碁戦も誘致した。

沼津倶楽部はまさに、三輪善兵衛が志向した文化人のサロンと化しつつあるようだ。

心が安らぐ建築。版築《はんちく》、水盤、蘇州瓦《そしゅうがわら》……。

庭の木々を愛でながら茅葺《かやぶき》屋根の長屋門をくぐると、程なくして右手に和館、左手に宿泊棟が見えてくる。はじめに、宿泊棟をご紹介しよう。フロントとラウンジ機能を持たせた手前の建物は、版築の壁で覆われている。富士川の砂と土を積層させたもので、柔らかな風合いが見事だ。そして周囲の足元には蘇州瓦。心が安らぐような建築である。隣には客室の棟が、水盤（底の浅い池）を前にして佇んでいる。設計者は渡辺明。宿泊施設の

右　洋室形式と、和の意匠が調和した客室。テラスも広くて開放感あり。
左ページ　富士川の砂と土を積層させた版築壁。「建築としては、旅館の完成形を示してくださったのではないでしょうか。建築史に残るものだと思います」と北山さん。

富士川の砂と土の壁に、堆積した時の記憶が眠る。

デビュー作が二期倶楽部、最後がこの沼津倶楽部という、北山さんとは縁の深い名建築家だ。木と土、石を多用した宿泊棟も和館と一体となって、ひっそりと歳月を重ねてきたかのようである。客室内の装飾や色遣いも抑制されている。布地のカーテンの代わりに簾《すだれ》を思わせる引き戸が組み込まれていて、その隙間から洩れる光が目に優しい。

次に、中田が「本当に見事です」と言葉を重ねて称賛する和館に目を移そう。これは、江戸幕府に仕えた大工棟梁の柏木家十代・柏木祐三郎が建てたもので、数寄屋造りの粋を集めた建物として、守り継がれてきた。平成26年に国の有形登録文化財に登録されたことからも、その価値を推し測ることができる。

ここは、歴史が生まれた「使える文化財」。

現在、和館のおもな部屋数は、茶室をはじめ、名称の付いたものだけで九室（ただし宿泊は不可）。中でも特筆すべき空間が「昭和の間」と呼ばれるサロンだ。この部屋は和洋折衷でありながら、大きな網代《あじろ》天井をはじめ、和風の意匠が随所に施されている。戦後、ここで日本国憲法の草案が話し合われたという歴史もこの部屋の居心地を味わい深いものにしている。食後には、蔵書の写真集などを眺めながら、しばし寛《くつろ》ぐ人も少なくないようだ。

食事用の個室として利用される「春日」。全面が吹きガラスの窓で、庭が一望できる。

かつて、この周辺には、こうしたしつらえの別荘が多く見られたという。創建した三輪善兵衛は趣味も広く、歌舞伎のパトロン的な役割も果たした。なお、沼津倶楽部という名称は、実は、戦後まもなく発足した社団法人沼津倶楽部が最初となる。幸い戦災を免れたため、戦後復興の協議の場となった。左下の写真が日本国憲法草案の話し合いが行なわれたという「昭和の間」。

3

2

1

6

5

4

9

8

7

「献立は流れやバランスを大切にしています」と語るのは、料理長の青木聖人（まさと）さん（9）。提供されるのは日本料理だが（2〜4、6、7）、仕入れの具合によって、流れや仕立て方を臨機応変に変えることもあるという。例えば、真鯛の料理（5）は、春菊のピューレを添えて、フランス料理のように仕立てている。また、途中に酸味のある料理を挟んで、口直しの役割を持たせるという。左ページのクエ酒蒸しのポン酢餡がそれだ。「手を加え過ぎないように、という点にも気をつけています」。印象に残りやすいように、明快な料理を心がけている。一方、酒類については、ワインの品揃えも豊富で（1）、日本酒でも「地酒巡り3種」などが用意されている。（8）は、デザートの「抹茶嶺岡豆腐 小豆 きな粉 梨 ピオーネ」。

皿の上は歳時記。

また「メインダイニング 映」は、和の空間でありながら、椅子に座っての食事の場。こちらでも、時代を遡《さかのぼ》った得がたい感覚を体験できるとの評判である。「使える文化財」としての魅力も沼津倶楽部の存在価値の一つであろう。

その和館を包み込むように、豊かな緑を茂らせているのが約三千坪の庭園「松石《しょうせき》園」だ。元来、庭園は人をもてなす〝装置〟として発展してきた歴史もあり、中田もまた、その造園の妙に魅せられた一人である。開業以来、庭園を守る齢《よわい》八十の職人が語る。

「入口に入った瞬間からお客様に喜んでいただけるよう、清掃のほか整備に努めています」

庭園内だけではない。外周の道路も目配りする。木の葉が飛ぶ風の強い日とその翌日はさらに大変だが、「ここは職場ではなく、自宅と同様に思っています。だから、体が自然と動くのですね」と言う。実は、北山さんが日々、徹底させているのが清掃である。

「おもてなしの根本、日本の美意識の原点は清潔さにあるからです。茶の湯もそうですね。振り返ると、自分が思うところの美意識だけで運営してきたような気がします」

そう言われてみれば、沼津倶楽部には、侘び寂びの茶の世界のように、華美なものが何一つなく、施設も絞り込まれている。それでも、なぜか、人は引き寄せられてきた。中田は「旅では、時に何もしない贅沢に浸ります」と語っている。ここを愛用する人もまた、端正な空間にただ身を委ねることを愉しみに、やって来るのかもしれない。

右　宿泊客の受け入れ態勢を入念に整える従業員の姿。庭園内では多くの黒松を見ることができる。
左ページ　沼津倶楽部の近くにある千本松原。歌人・若山牧水は最晩年、松原に魅せられて沼津に移り住み、松原に分け入って逍遥(しょうよう)した。

牧水《ぼくすい》も愛した松林の風。

沼津倶楽部

静岡県　沼津市

水盤に映える2階建ての宿泊棟。付帯施設はスパのみと、最小限に留めている。

静岡県沼津市千本郷林1907

tel.055-954-6611

もうひとつの
帰りたくなる場所。

名月荘

山形県　上山温泉　文＝富田昭次　撮影＝大森忠明

最上の立地に恵まれながらも、
それに甘んじることなく、
おもてなしの心を磨き続けている名月荘。
満たされた時間を過ごした宿泊客は、
その思いを書き残していた。

身支度をしなくてもいい。気遣いが形になった食事室。

篝火《かがりび》が焚《た》かれた門屋《かどや》に近づくと、煙の匂いが鼻をくすぐる。一歩中へ入ってみると、囲炉裏《いろり》の薪が赤々と燃えていた。玄関に入る前、中田英寿は、これを見ていつも思う。またこの宿に帰ってきたんだな、と。

山形県の上山《かみのやま》温泉。蔵王連峰を望む絶好の場所に、この宿、名月荘はある。開業して42年。会長の菊池敏行さんがざっくばらんにそのいきさつを語ってくれた。

「以前は別の場所で営業していたのですが、この素晴らしい土地を入手でき、移ってきたのですよ。幸運でしたね」

素晴らしい土地――宿の第一条件は立地環境だと言われる。まずは、最上の立地が得られた。しかも、ここは、開けた眺望のみならず、後背は緑豊かな林野にも抱かれている。散策したある人は、これを「妖精の森」と名付けたそうで、時にはカモシカが姿を見せるとか。この奥行きがある地だからこそ、会長は「素晴らしい土地」と言ったのだ。

その後、会長は持ち前のおもてなしの心をもって、さまざまなアイデアを投入していく。そのひとつが全客室に付帯する食事室である。

これは、椅子とテーブルを備えた、日本のマンションで見かけるリビング・ダイニングのような

右　敷地内には緑豊かな丘が広がる。奥に見えるのはヨガルーム。
左ページ　4000坪を誇る広大な敷地。木々を眺めながら、談話室やギャラリーとして使われている蔵（大正時代のものを移築）などの施設も利用できる。

自然とともにある――日本のやど。

空間と言っていいだろう。「布団の上げ下ろしであわただしくなりがちな朝の時間帯、朝食をこちらでゆっくり召し上がっていただきたかった」との考えから生まれたものだ。

「それから、最近は館内にレストランを設ける旅館が増えましたが、そうなると、女性のお客様は身支度を整える必要があります。ですから、私どもでは敢えて〝部屋出し〟を続けているんです。お客様には、心からくつろいでほしいと願っていましてね」

食事室には、そういう細やかな配慮もあったのだ。その結果、畳に不慣れな外国人や足のご不自由な方にも好印象で受け入れられ、「そうしたお客様は、ご夕食もこちらで楽しまれています」と、客室係の女性は教えてくれた。

敷居をあえて低く。着物ではなく作務衣を着る工夫。

そう、名月荘はいわゆる日本旅館の「約束事」に縛られていないのだ。会長は「より自由な形の旅館を作りたかったんですよ」と語る。

あわただしくなりがちな朝食後は、風呂に入るなりごろ寝をするなり、くつろいでほしいと、チェックアウトは11時30分、チェックインは14時に設定されている。「泊まる」というよりも「過ごす」感覚に近い。館内には長い滞在時間を楽しめる図書室やギャラリーがあり、音

右　常に新鮮味を保てるようにと、一年にひと部屋ずつ改装される客室。
左ページ　座り心地のいい椅子が用意された湯上り処。朝には特製ジュースが、午後には名物の玉こんにゃくなどが無料で振る舞われる。図書室が隣接する。

話したり、眺めたり、ぼんやりしたり。

旅館は自由だ。

楽家を招き演奏会を催すこともあるという。

さらに、一年毎にひと部屋ずつリニューアルし、季節毎のお菓子や、料理を細やかに変える。宿泊客の中には40回も50回も訪れる人がいるというが、その理由のひとつは、いつ訪れても、今までになかった工夫や新しい楽しみが待っているからだ。

そしてなにより客室係の制服に、名月荘ならではの真心が垣間見える。彼女たちが身につけているのは着物ではなく、柔らかい布地の作務衣《さむえ》。軽い身のこなしで、より速やかな応対が可能となるような制服である。名札には客が呼びやすいよう、下の名前が書かれている。中田は、「宿の人みなが甲斐甲斐しく、よく動かれるのに感銘しました」と述べている。また作務衣を着るのは、緊張感を抱かせず、敷居を低くする意図がある。

とにかくよく動く事。これが名月荘の身上《しんじょう》と言えそうだが、その根源には何があるのだろうか。ある客室係の体験談にヒントがあった。その女性は就職活動で、いくつかの旅館を訪問したが、名月荘に一目惚れした。社内の温かい空気に心を動かされたというのだ。「会社が、ひとつの大家族のようでした」と。

ひとつの大家族のような名月荘。その中心にいるのは、柔和な雰囲気の社長・菊池友伸さんと、いつも朗らかな若女将・菊池成湖《まさこ》さんである。「お客様の目的を考えて接客を心がけている事が私たちの気持ちをひとつにしているのかもしれませんね」と、口を揃えて言う。

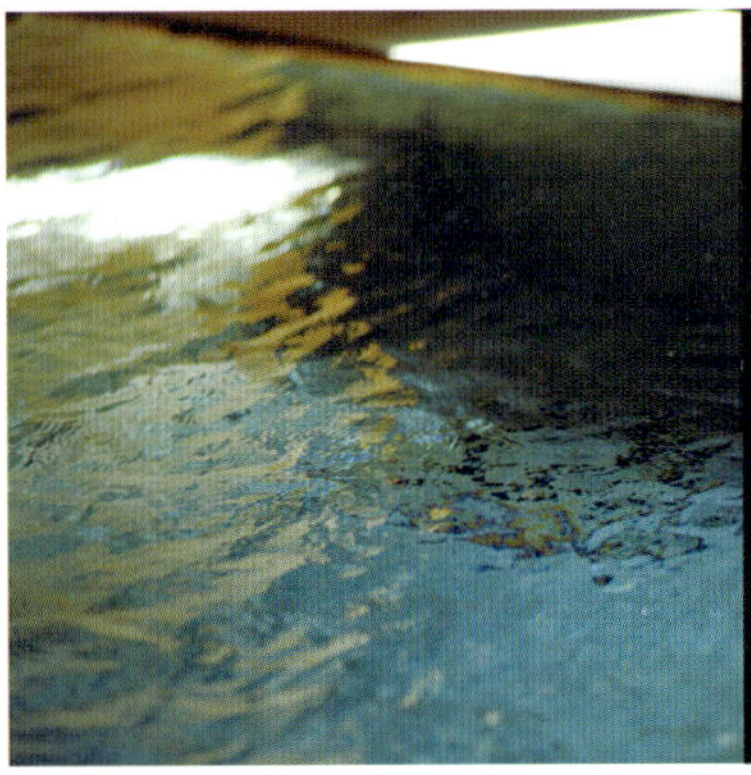

右　「湯当たりすることがなくて、柔らかい」と評判の温泉。
左ページ　大浴場のほか、蔵王の石をくりぬいた湯船の貸切露天風呂や貸切家族風呂、貸切立ち湯（別棟）など、ユニークな温泉も。露天（半露天）風呂が付いている客室も全20室のうち15室を数える。

湧き出る湯の恵み。

宿のひとつのクライマックス。

2

1

4

3

6

5

1〜6. 山形県の豊富な食材で構成される月々の献立。松茸の炭火焼き（1）や山形牛のステーキ（6）はもちろんのこと、毛蟹（3）などの魚介類も県内で水揚げされたものである。山形県産の食材を熟知する料理長・木村勝利さんならではの仕事ぶりだ。また、器の上を飾る植物も木村さんが休憩時間や休日を利用して、県内の野山に入って採取したもの。平麺のいも煮うどん（4）も人気の献立。ぜひ、ご賞味あれ。

左ページ　木村さんは山形に生まれ、東京で修業して故郷に帰ってきた人。社長の菊池さんいわく「毎月、社内で試食会を行い、お客様を飽きさせない料理の研究に勤しんでいます。親方（木村さん）はとても勉強熱心で、こちらが驚くほどなんですよ」

土地の食べものと生かすわざ。
ひと皿がカルチャーの宝庫。

日本の宿とは宿泊客の心を感じ取る力でできている。

例えば、予約を受けるときには、情報をしっかり仕入れて下準備をする。そして、二度三度と繰り返し訪れる宿泊客の情報をどんどん蓄積し、共有していく。そういう共同作業が大家族としての心を育《はぐく》んでいるように思える。若女将が回想する。

「あるお客様が、夕食時に左利きであることが分かりました。コースのデザートからは左利きの方用のセットをし、次にお見えになった時は初めからそう致しました」

中田は「細かいところに配慮が行き届いている印象を受けます」と言っていたが、まさにこういうことを感じていたわけである。

では、宿泊客が実際にどのような思いを抱きながら利用しているのだろうか。書き残した膨大な〝旅の思い出〟を、図書室の棚から取り出してみよう。ある人が「友人の招待で大分県から来ました。この静けさを大切に」と書けば、別の人は「孫のピアノを聞きながら、くつろいでいます」と記す。「何度でも来たい宿です」と書く人もいた。皆がこの宿で満たされた時間を過ごしている。そして、幾人もの人が「今回で◯回目」と書いていた。中田は「日本の宿の真髄は、心をくみ取ってくれることにあると思う。気持ちが行きかうとまた帰ってきたくなる」と語る。日本旅館の本当の姿がここにあった。

右　おかずの品数が豊富な朝食。海苔も炙ってある。
左ページ　朝食のご飯は、釜で炊いた山形県産の「つや姫」。粒が立った状態の炊き立てを。いやでも食欲が湧いてきて、何杯でもおかわりしてしまう人が少なくないという。

気づかないうちに満たされている、ホスピタリティ。

名月荘

山形県　上山温泉

宿泊せず食事のみの利用も可能。また、敷地内にある白壁の歴史的建築「お蔵のギャラリー」には山形のアーティストやデザイナーの作品を常設展示しており、宿泊客以外も鑑賞できる。同様に、目利きされた“いいもの”が豊富に並ぶ売店も一般開放している。

山形県上山市葉山5-50

tel. 023-672-0330

ONYADO CHIKURINTEI
Takeo onsen | Saga

庭園というより境地。

御宿 竹林亭

武雄温泉(佐賀県)

奈良時代に発見された歴史ある古湯、武雄《たけお》温泉。その中心部の最寄り駅から車で5分の交通至便の場所にありながら、別天地の佇まいを見せる宿、それが竹林亭だ。1845年開園の庭園「御船山《みふねやま》楽園」と御船山に抱かれた環境がまず瞠目《どうもく》に値する。15万坪という広大な空間に、わずか11室。竹林亭が自ら「庭は宿、宿は庭」と謳うように、風雅な庭園が第一の魅力である。「本来、宿は人工的なものですが、それでも自然の一部という考え方が大切。この宿にはそんな謙虚な精神が感じられ、自然に身を委ねる快感に浸れます」と中田英寿。
中には、月見台を備えた部屋もある。季節によっては、室内で「竹あかりディナー」を楽しむことができる。夜を豊かに過ごせる宿でもある。

佐賀県武雄市武雄町大字武雄4100
tel. 0954-23-0210

風呂は、小さな宇宙だ。

秘境 白川源泉 山荘 竹ふえ

白川温泉(熊本県)

「温泉が大好きで、特に露天風呂に奥深い文化を感じます」と語る中田。豊富な温泉体験を持つ彼が、驚かされたという宿が山荘 竹ふえである。場所は阿蘇山の北に位置する白川温泉。秘境と呼ばれるように、「知る人ぞ知るといった存在」(中田)だ。5000坪の敷地に密集する数万本の竹林がその趣を漂わせている。

部屋数は12。選べる浴衣にタオルウォーマー、石臼コーヒーと、アメニティが充実し、古民家風の客室に、野趣あふれる露天風呂(自家源泉露天風呂の総数は29)が付帯する。「心底落ち着ける宿。それにしてもこんなに広い貸切露天風呂は見たことがない」と中田が話した貸切露天風呂をぜひ味わっていただきたい。

熊本県阿蘇郡南小国町大字満願寺5725-1
tel. 0570-064-559

センスとは、
五感に心地いいこと。

妙見《みょうけん》石原荘

妙見温泉（鹿児島県）

宿の選択基準については、ある人はサービス優先、別の人は料理重視というようにさまざまだけど、僕はバランスの良さで選びます —— 中田はこう語る。「最近は非常にデザインに凝った宿も増えてきましたが、デザインに走りすぎたり、和を感じにくい宿も多いと思います。そうした中で、この石原荘は、お洒落なセンスと床しい宿文化が程よく溶け合っていて、そこが素晴らしいですね」。

例えば客室は、歴史を感じさせる石蔵、数寄屋風、民家風、現代和風と、異なる趣のデザインを過不足なく揃え、バランスの取れた施設づくりで品格を漂わせている。天降《あもり》川に面した好立地。川沿いの露天風呂が好評で、宿では湯めぐり用の籠《かご》を用意。ゆったり過ごせる湯上がりラウンジの存在もありがたい。「ひと工夫が感じられる料理」（中田）も特筆ものだ。

鹿児島県霧島市隼人町嘉例川4376
tel. 0995-77-2111

海のもの、山のもの。

汀渚《ていしょ》 ばさら邸

伊勢志摩 賢島温泉（三重県）

由緒ある伊勢神宮と海岸美で昔から愛されてきた伊勢志摩地方。普段からこうした歴史と自然に深い関心を寄せる中田が、この地で特に注目するのがこのばさら邸だ。その理由は「デザインはモダンだけど、居心地、料理ともに好感が持て、全体的にバランス良く整っているから」である。伊勢志摩は、よく知られるように上質な魚介類の宝庫。意外なのは志摩野菜の存在だ。土壌が豊かで、滋味豊かな野菜が育つという。最高の素材が得られる場所を立地に選んだこと、これがばさら邸のおもてなしの心、その原点と言えるかもしれない。
これに加えて、英虞《あご》湾の美しい眺望と全室に備わった露天風呂。フリー・ラウンジの機能を持つ八角形の「時の家 aoi」も豊かな時間を提供してくれる。

三重県志摩市阿児町鵜方3618-74
tel. 0599-46-1189

すみずみまで端正。

強羅花壇

箱根 強羅温泉（神奈川県）

知名度抜群の箱根で、これまた知名度抜群の宿。旧閑院宮別邸を利用しており、歴史と現代が交錯する。「豪華絢爛というのではなく、洗練された佇まい。日本人でも外国人でも感激する要素がたくさんあります。一度は絶対に訪ねてほしいところ」と、中田は強調する。

部屋は、スタンダード和室や露天風呂付きのもの、離れ、と実に多彩。目的や同行者の顔ぶれに合わせて選択できるところは、使い勝手の良さにも通じる。

付帯施設は屋内プールやジム、スパ、ハマム（蒸し風呂）と、こちらも多彩だ。「ジェットセッターが望む施設を揃えている点は、外国人にお薦めしたい理由の一つになりますね」と中田。富裕層に支持されるホテル等の世界的な会員組織ルレ・エ・シャトーに加盟しているのも頷ける。

神奈川県足柄下郡箱根町強羅1300
tel. 0460-82-3331

日本の森の中で、
北欧の波を感じる。

HOTELLI《ホテリ》 aalto《アアルト》

裏磐梯（福島県）

何かが特別秀でているわけではない。それでも非常に居心地のいい宿がある。その一つがこの宿だ、と中田は言う。場所は、五色沼で有名な裏磐梯。築40年の山荘を再利用しているので、高原の緑に溶け込んで見える。建物が持つ〝時〞の積み重ねが空気を和らげているのだ。「周囲の自然をうまく生かしていますね。北欧のライフスタイルをコンセプトにしていて、北欧系の家具がこの土地に無理なく調和しています。デザインを心地良く感じるのは、過剰に力を入れていないからでしょう」と、この宿の特色を中田はこう分析する。

ホテル形式でありながら、源泉かけ流しの大浴場を付帯し、湯上がりにはラウンジで寛げる。会津の伝統野菜を使用した料理もまた、この宿の雰囲気と調和している。

福島県耶麻郡北塩原村大字檜原字大府平 1073-153
tel. 0241-23-5100
※ 2019年夏に向けて増改築中。施設、景観などに変更の場合あり

里山、
暮れていく時間、
これも日本の宝。

角館《かくのだて》山荘 侘桜《わびざくら》

奥角館温泉(秋田県)

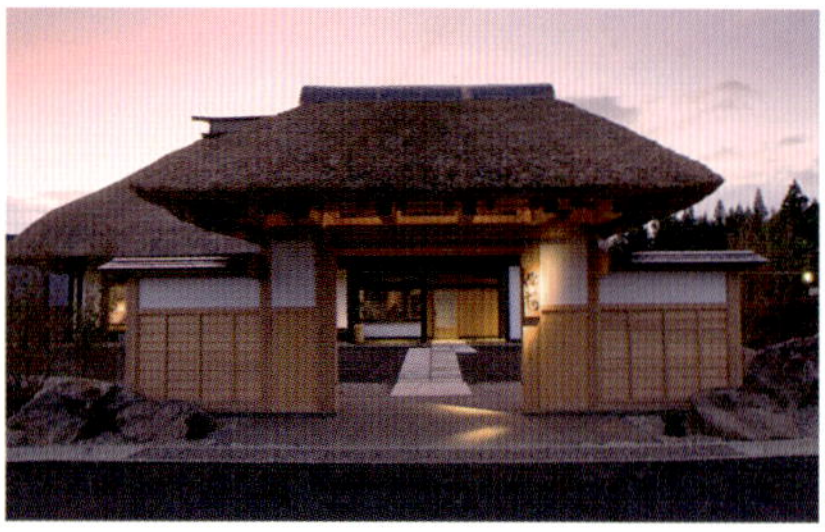

角館は「みちのくの小京都」と呼ばれるが、侘桜は中心部の北の外れに位置する、言わば奥座敷的存在。茅葺古民家を移築して活用し、囲炉裏のラウンジや星見台といった施設、東京の名店「分とく山」総料理長が企画演出する料理と全室かけ流し温泉がこの宿の大きな特色だ。中田は「山奥にぽつんとある感じですが、自然と歴史、現代的な要素が絶妙に融合している印象を受けます。お湯も素晴らしく、また、近くには著名な乳頭温泉があるので、山奥でも湯巡りの拠点として使えます」と語る。山奥とは言え、戸沢氏が約800年前にこの地に築城し、江戸中期には洋風画の秋田蘭画が生まれた土地柄。侘桜は、こうした歴史の語り部を自負して運営、歴史的·文化的要素が居心地をさらに深いものにしている。

秋田県仙北市西木町門屋字笹山2-8
tel. 0187-47-3511

畑の中の宿で、
シンプルな豊かさを知った。

Restaurant bi.blé《ビブレ》

美瑛（北海道）

フランスにはオーベルジュという宿泊施設がある。ホテル付きのレストランをこう呼ぶが、「bi.bléはまさに上質なオーベルジュの原点のような気がします」と中田は言う。北海道を周遊していたとき、中田は美瑛の美しさに改めて魅せられた。と同時に、bi.bléがあることに感謝した。宿自体は、ツインルームが５室だけの非常にシンプルな造り。でも、北海道の素材をふんだんに使った料理やパンはたいへん美味で、視覚（美瑛の小麦の丘が見渡せる景色）ばかりでなく、味覚も満たしてくれる宿として申し分ない。「北海道を旅して、ふらっと立ち寄って１泊して、また旅に出るといった使い方をしたい宿です」――旅慣れた中田らしい言葉である。

北海道上川郡美瑛町字北瑛第２
tel. 0166-92-8100
※11～３月は月～木曜休
※利用は小学生以上から。

にほんしゅ

に・ほ・ん・も・の

高木酒造

山形県　村山市　文＝山内史子　撮影＝大森忠明

全国各地の酒蔵を訪ね、数多の銘柄を口にしてきた中田英寿が、最も信頼を寄せる酒が、山形県村山市にある高木酒造の「十四代」だ。蔵元の高木顕統《あきつな》さんが心身を削って生み出した美酒は、今なお進化、昇華し続け、世界へと続く扉を開こうとしている。

桜が見守る酒蔵で、
日本酒の世界戦略が、
練られている。

飲んだ瞬間、誰もが笑顔になるその旨さ。

「十四代」。高木酒造が醸す1994年に誕生した日本酒の名は、今なお、日本酒愛飲家の間で最も憧れをもって語られる存在だと言っても過言ではない。穏やかな香りは清々しく、味わいはふっくら丸みを帯びた米の旨みが感じられる。余韻もまた心地よい。数々の銘酒を味わってきた中田英寿もまた、迷いなくこの「十四代」をトップに挙げる。

「いつどんな時、どういう状態であっても、『十四代』を飲んだ瞬間、やっぱり旨いと思わせるんですよ」と、グラス片手の表情はやわらかに緩む。

高木酒造の創業は、1615（元和元）年。現蔵元の高木顕統で十五代を数える。転機は1993年、25歳の時。高齢を理由に引退した杜氏《とうじ》（※）の代わりに酒造りを、との父親の言葉が発端だった。蔵元が経営を担い、杜氏が酒造りの指揮を執る、という役割が明確に分かれていた時代。大学で醸造を学んでいたが、予期せぬ展開に周りの協力を得ながら必死で取り組むことになる。

大学卒業後、高級食材を扱うスーパーマーケットでの勤務時代に酒の仕入れを担当し、肌で感じたのは淡麗辛口を売りにした酒の人気。しかしながら高木さんは、米の旨みを表現した、自分が本当に旨いと感じられる酒を目指し、それが実現した。

右　味覚はもちろん、すべてに対して感覚が似ているという、高木さんと中田英寿。ふたりの話は尽きない。
左ページ　レンガ造りの煙突には、「NO SMOKiNG」の文字。ハイカラ好きだった高木さんの祖父の代に設けられた。

※杜氏＝酒造りに従事する職人たちの長。「とじ」とも。

伝統的な技はあっても、伝統的な味はない。

「初年度は奇跡的です。神さまがいるんじゃないかと思いました。ご先祖さまの目に見えない力があったのかもしれません」

仕込みが終わった直後、高熱を出して1週間入院したほど骨身を削ったチャレンジだったが、流行と異なる路線の「十四代」が、最初から市場で歓迎されたわけではない。東京の酒販店や居酒屋を訪ねるうちにやがて、「こんな酒を待っていた」という声が上がる。心血を注いで育てた子供のような酒を大事に扱ってくれる相手に思いを託し、「十四代」の旨さは伝説のように広まっていく。

最新鋭機器を調《ととの》えつつ、限りなくアナログ。

今回、中田が蔵を訪ねたのは、酒の仕込みが終わりに差し掛かった2018年4月中旬。蔵の中は築200年を超える木造建築と、新築されたばかりで壁の白が眩しい工場が自然に共存する。

「最新機器を調えつつ、限りなくアナログ。酒仕込みにおいて手の感覚は重要です。うちの社員は、米に手を入れて温度が何度か分

かるんですよ。対して人間業ではできないこと、お酒にとって確実にいいと思われる部分には積極的に機械を入れていく」

実際、ほかの酒蔵の様子を知る中田がよそでは見たことがないと驚くほど、最新鋭の機械が随所で導入されていた。酒造りの工程もまた、細かく改革がなされて進化してきた。幼い頃、祖父から出汁や食材の味の違いを比べる訓練を受けて鍛えられたという鋭い味覚は、さらなる旨さを求めてやまない。

「高木さんは現状でも安泰なはずなのに、常に新しい技術を取り入れている。『十四代』が売れていても、前に進み続けるのがすごい」

加えて、酒に限らずふたりの味覚が合っていると中田は話す。

右ページ　国酒でもある日本酒造りは、伝統を受け継いだ神事。酒を仕込む場には必ず神棚が設けられており、しめ縄も随所に飾られている。
上　搾ったばかりの新酒を試飲し、率直に意見を交わすふたり。

3

2

1

6

5

4

9

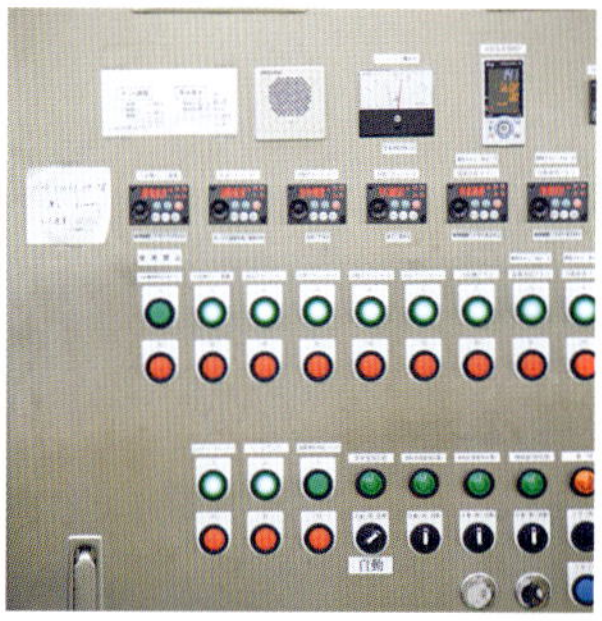

8

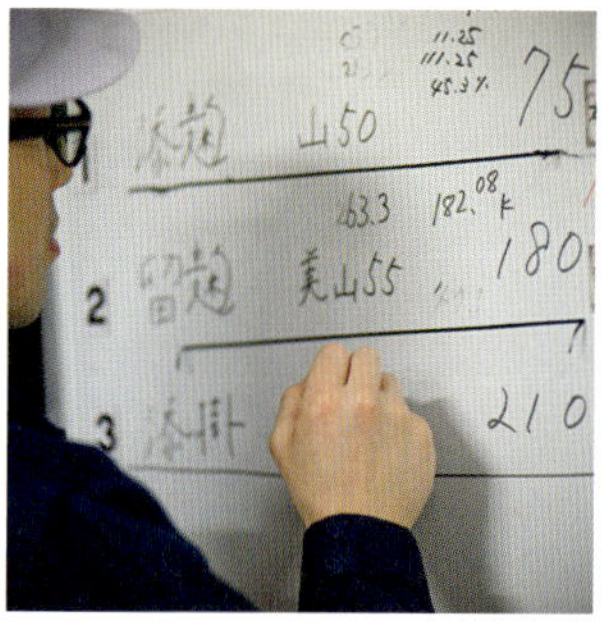

7

12

11

10

1〜6. 蒸し上がった米は麹室（こうじむろ）と呼ばれる細やかな温度管理がなされる部屋に運ばれる。幾度となく手で丁寧にもみほぐされる中、米に根付いた麹菌（こうじきん）は繁殖し、でんぷん質を酒造りに必要な糖分に変えていく。 7〜12. 最新鋭の機械、緻密な数値計算、そして人の感覚とが相まって酒は培われ、旨さを増していく。「微生物が相手なのだから、彼らがいつも見ているのを忘れるな。手を抜けばそれなりの動きしかしないし、笑われてしまう」と髙木さんは社員に説くという。

左ページ　経験を重ねた手は、米の状態や温度の微妙な変化を感知する。麹菌が健やかに育つよう、麹室は雑菌が入らない外気を遮断する造りになっており、室温は30度台で調整。麹ができあがる頃には、米から栗にも似た香りが立つ。

米に触れただけで温度が分かる、手の感覚は重要なんです。

「料理を一緒に食べていても、意見が合うから楽しい。僕がこれだけ『十四代』を好きなのは、そこに理由があるのかもしれない」

日本酒の魅力をより広く知らしめるために世界へ。

飲む人だけではなく、造る側にとっても「十四代」は輝く存在だ。次世代を担う蔵の跡継ぎが高木さんのもとに集まり、教えを請う。理由が分かれば怖くないと失敗ですらオープンに語られるが、その際、細かいデータをベースにすることはないという。

「時代によって人の嗜好は変わる。伝統的な技はあっても、伝統的な味はないんです。未来につなぐ、伝えることが僕の最大の仕事だと思っていますが、それぞれにもがき苦しむ必要がある。自分の酒が一番旨いと思うことを、決して忘れるな、とも話しています」

そんな高木さんは、中田との出会いで新たな刺激を受けていた。

「人、工芸、ファッション。ヒデさんを介して日本酒以外の世界を知り、上質なものを教えてもらい、このままではいけないと、設備を含めて改革の必要性を感じました。今までやってきたことが、さらに楽しく感じられるようにもなった。日本酒を造ってきて良かったと、あらためて思っています」

右　蔵の敷地内には、代々受け継がれてきた風情ある日本家屋も残る。大切に手がかけられてきたことがうかがい知れる。
左ページ　シェリー樽の中で熟成を待つのは、米焼酎。

どんな時も酒の味や造り、蔵のことを思っている。

現在、ふたりの間では海外に向けた展開が戦略的に進められている。

「『十四代』の宣伝というわけではなく、日本酒のため。道を切り拓くには、トップブランドが必要なんです。『十四代』には、世界的な醸造酒となる力がある。このおいしさを分かってもらうことで、海外市場や飲む人の意識が一気に変わると思うんですよ」

髙木さんが続ける。

「うちの酒を売り込むというよりも、日本酒を知ってもらうことが大事。きちんと温度管理をして、品質を保って輸出する。我々の業界では発想がなかったヒデさんの提案と力を借りて、日本の文化や環境を、海外の方に伝えたい」

やさしい笑顔と声の響き、すらり華奢な体形。髙木さんを取り巻く空気はやわらかだ。立ち止まることなく追究し、体を壊すまで酒造りにエネルギーを注ぐほどの闘志は、ふだん、奥底に秘められているのだろう。酒以外に趣味はなく、山形市から蔵のある村山市まで車で通う時間が唯一の気分転換と言いつつ、やはり酒に思いを馳せている。

「誰と話していても、どこかで酒の味や造り、蔵のことを思っている。でも、そのくらい一生懸命にならないと、日本酒造りはやっていけないんですよ」

今日もまたどこかで、髙木さんは酒に心を寄せているのだろう。この先、どんな味わいが生まれ、育まれていくのか。「十四代」の物語に終わりはない。

右　4月上旬、春がようやく訪れた頃の蔵の景色。冬は1メートル近い積雪がある。
左ページ　「杉玉」「酒林（さかばやし）」と呼ばれる、杉の葉で作られた飾りは、酒の仕込みが進むにつれ緑から茶色へと変わる。

ご先祖さまの目に見えない力。

高木酒造

日本酒「十四代」蔵元

「十四代」の酒造りだけではなく、蔵元である高木顕統さん(右)が杜氏を兼ねる体制においても先駆的存在。最新機器はメーカーとともに高木さん自らもアイデアを出し、その開発に深く関わることもある。「十四代」の扱いは、特約店に限られる。蔵見学、直販は不可。　山形県村山市富並1826
tel. 0237-57-2131

歴史ある酒蔵で、
いま、みずみずしい味が
生まれている。

木屋正酒造

三重県　名張市　文＝山内史子　撮影＝大森忠明

創業200年の歴史を背負い、紆余曲折の苦労の末、新星「而今《じこん》」を生み出した木屋正《きやしょう》酒造の大西唯克《ただよし》さん。日本酒業界の未来を担うと期待された「若手」は、歳月を経たいま、さらなる挑戦と前進を重ねている。

創業１８１８年の老舗蔵が生み出した新星。

銘醸地と聞いて多くの人が思い浮かべるのは北陸や東北、あるいは灘、伏見あたりかもしれないが、日本各地に広く美酒は存在する。たとえば「日本書紀」で、「美し《うま》国」と称えられた三重県。奈良県との境、木屋正酒造がある伊賀地方は、昔から酒どころとして名を馳せていた。

創業は１８１８（文政元）年。現蔵元の大西唯克さんが、歴史を積み重ねた酒造りに携わるようになったのは、20代後半のこと。食品メーカー勤務を経て実家に戻り初めて、生産量が全盛期の半分以下になった危機的状況を知る。当時は地元で40年間にわたり親しまれてきた「高砂《たかさご》」を仕込んでいたが、ニーズの増加はこれ以上見込めない。家業を継ぐことは漠然と考えていたものの、厳しい現実を目の当たりにし、蔵の存続のためにも全国的に認められる酒を造る、という使命と向き合うことになる。

杜氏《とうじ》（※1）のもとで蔵人《くらびと》（※2）として2年間働いたが酒の味に納得がいかず、２００４年には自らが杜氏となる決意を固めた。両親の手を借りた少量の仕込みの中、3年間の試行錯誤を重ねて花開いたのが「而今」。一時的な流行に左右されるのではなく大切に売ってもらいたい、との思いにきちんと対応してくれる酒販店を探す努力も実を結び、大西さんは

右　木屋正酒造の周りは、近くを流れる名張川をはじめ、豊かな自然に恵まれている。
左ページ　米に水を含ませる作業では、微妙なさじ加減が酒の味わいに影響するため、細心の注意を払う。時計を見つつ秒単位で進められる。

※1. 杜氏＝酒造りに従事する職人たちの長。「とじ」とも。
※2. 蔵人＝杜氏のもと、酒蔵で働く職人

而今とは、いまこの一瞬に生きるということ。

一躍、日本酒ファンや業界の注目を浴びる存在になった。

その味わいの魅力について、中田英寿はこう語る。

「凝縮された甘みが、きれいにすっと伸びていく。キレはあっても、過ぎない。頑固でまっすぐな意思が感じられるけれども、バランスが効いているから重過ぎない。『而今』は大西くんそのものなんですよ」

足すことではなく、引くことで生まれるもの。

中田が初めて名張《なばり》を訪ねた数年前の記憶が、大西さんはいまも忘れられないという。

「どうしたいの？ どうなりたいの？ どこにポジションを置きたいの？ 中田さんの問いかけが、頭に残っています。いま、目指しているのは洗練された品格のある、足し算ではなく引き算から生まれる酒造り。甘みや香りに頼らない表現ができている手応えはありますが、おごらず、満足しないで先に進みたい」

雑菌を防ぐため作業中の管理を徹底したことで、味わいはよりクリアになった。売れよう、個性を出そうという思いが昔は強かったが、そこにも変化が生じている。

「無理をしなくても、飲む人の楽しい時間に貢献できればいい。でも、一杯目の感動は大事

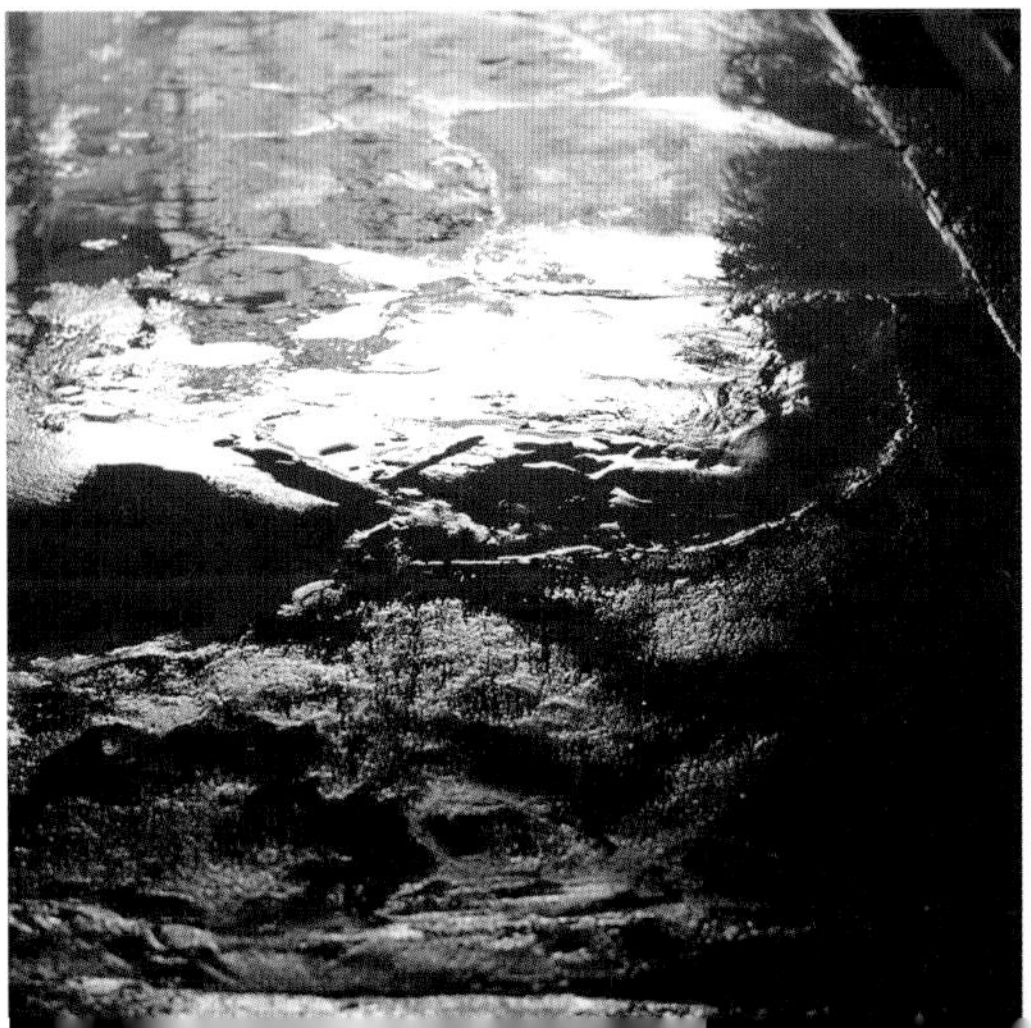

右　日本酒の原料といえば米が思い浮かぶが、仕込みにはおいしい水もまた欠かせない存在。上質な水をふんだんに得られる環境が、酒造りを支える。
左ページ　蒸し上がった米は、温度を下げるため早々に作業場へと運ばれる。

自分の酒造りに打ち込んで、打ち込んで。

3

2

1

6

5

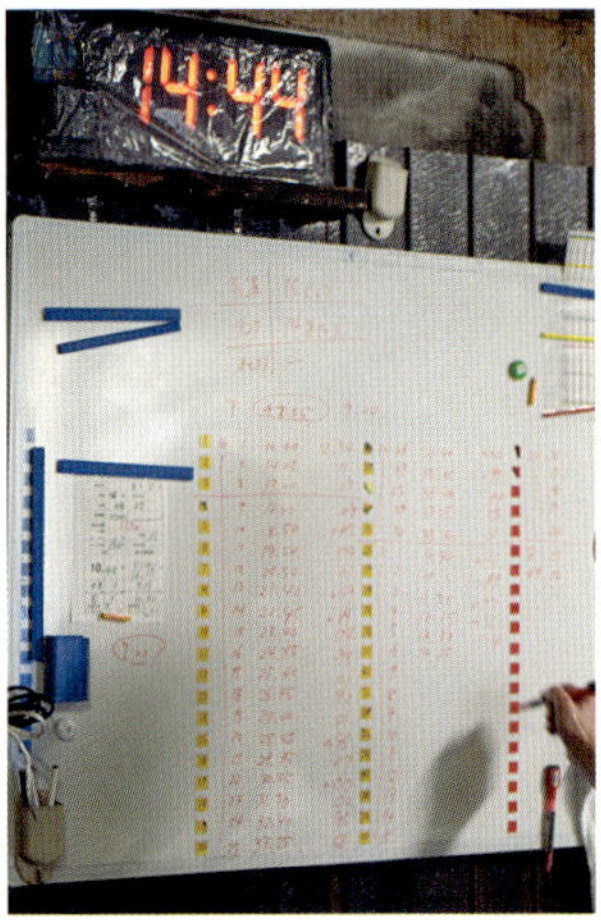

4

9

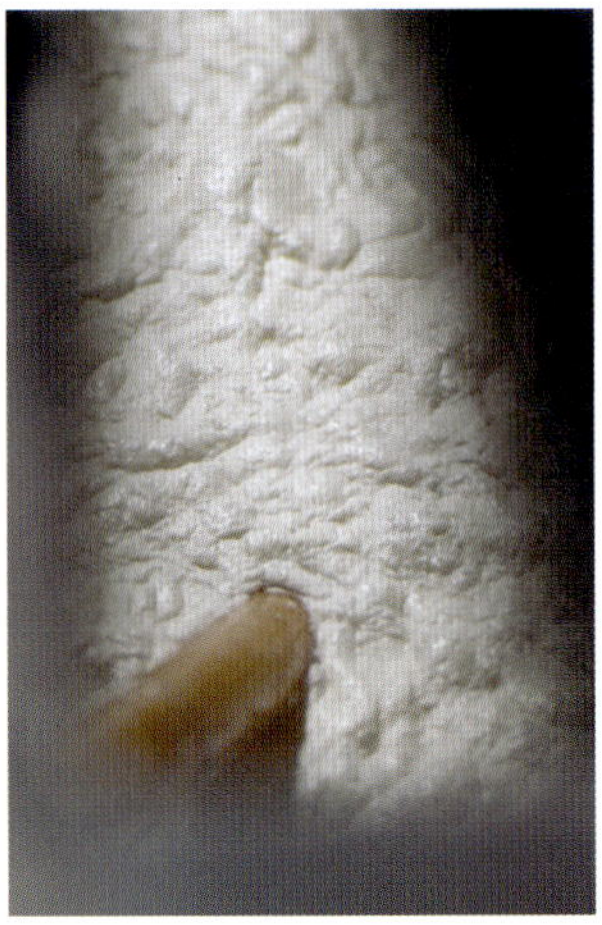

8

7

1～2. 米を蒸す間、蔵の中は蒸気とともにふくよかな香りに包まれる。栗にも似た香りが漂ってくれば、蒸し上がりは間近。 3および6～9. 9月の中旬から5月上旬まで続く酒造りのひとコマ。蒸した米、麹菌（こうじきん）がはぜた米、酵母を培養した酒母（しゅぼ）、水を合わせ、定期的に攪拌（かくはん）しながら、ふつふつと息づく酒を健やかに育んでいく。 4. 米に水を含ませる作業では、米の分量と水にひたした時間が記録される。 5. ラベルはすべて和紙を使用。立体感がある陰影をもたらす。

左ページ　蒸した米に微量の麹菌を振りかける作業は、仕込みの中でも最も空気が張り詰めるひととき。麹菌が蒸し米に馴染んだ状態が落ち着くまで、じっと静かに待つ時間。大西さんは、何かを祈るように目を閉じていた。

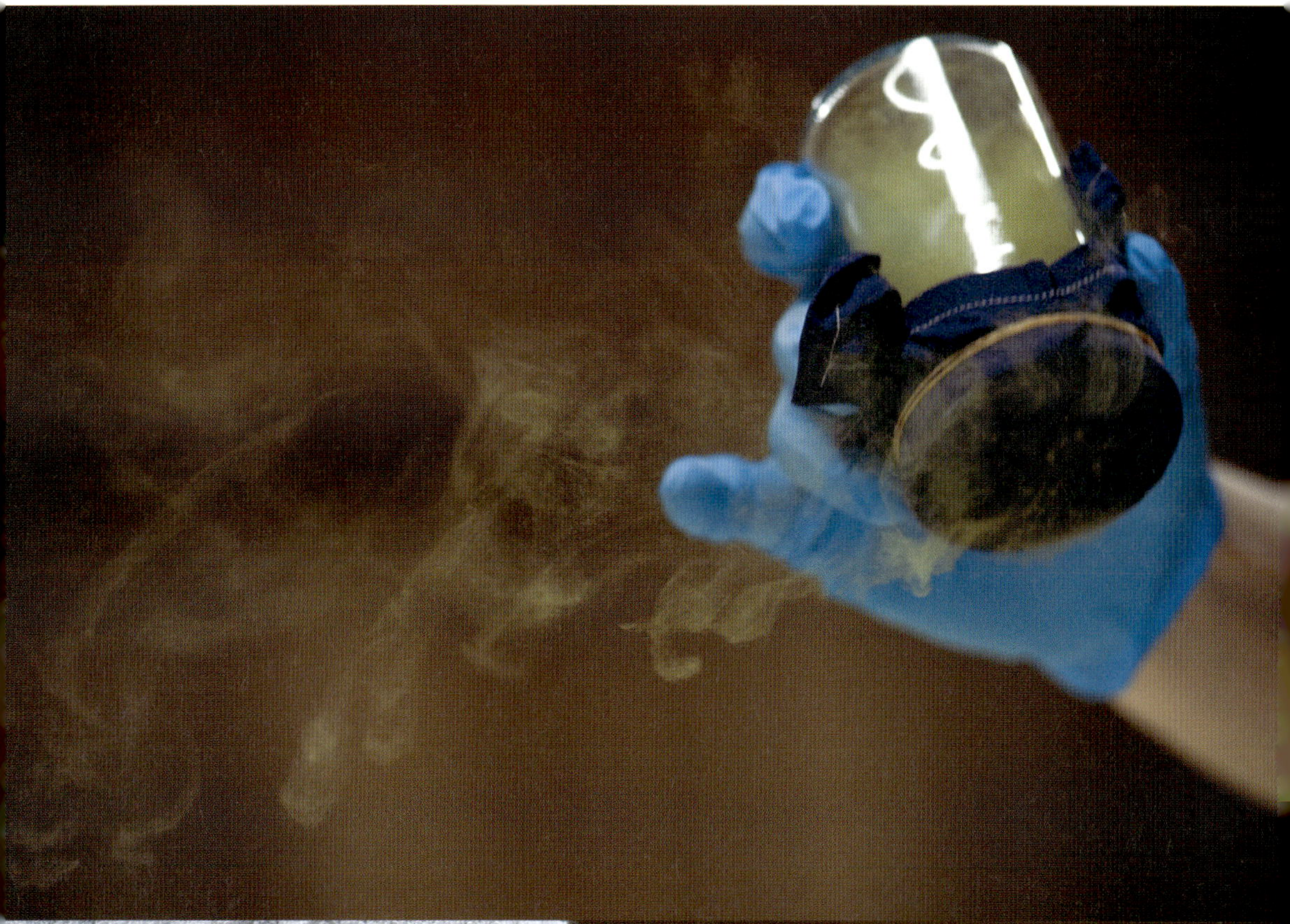

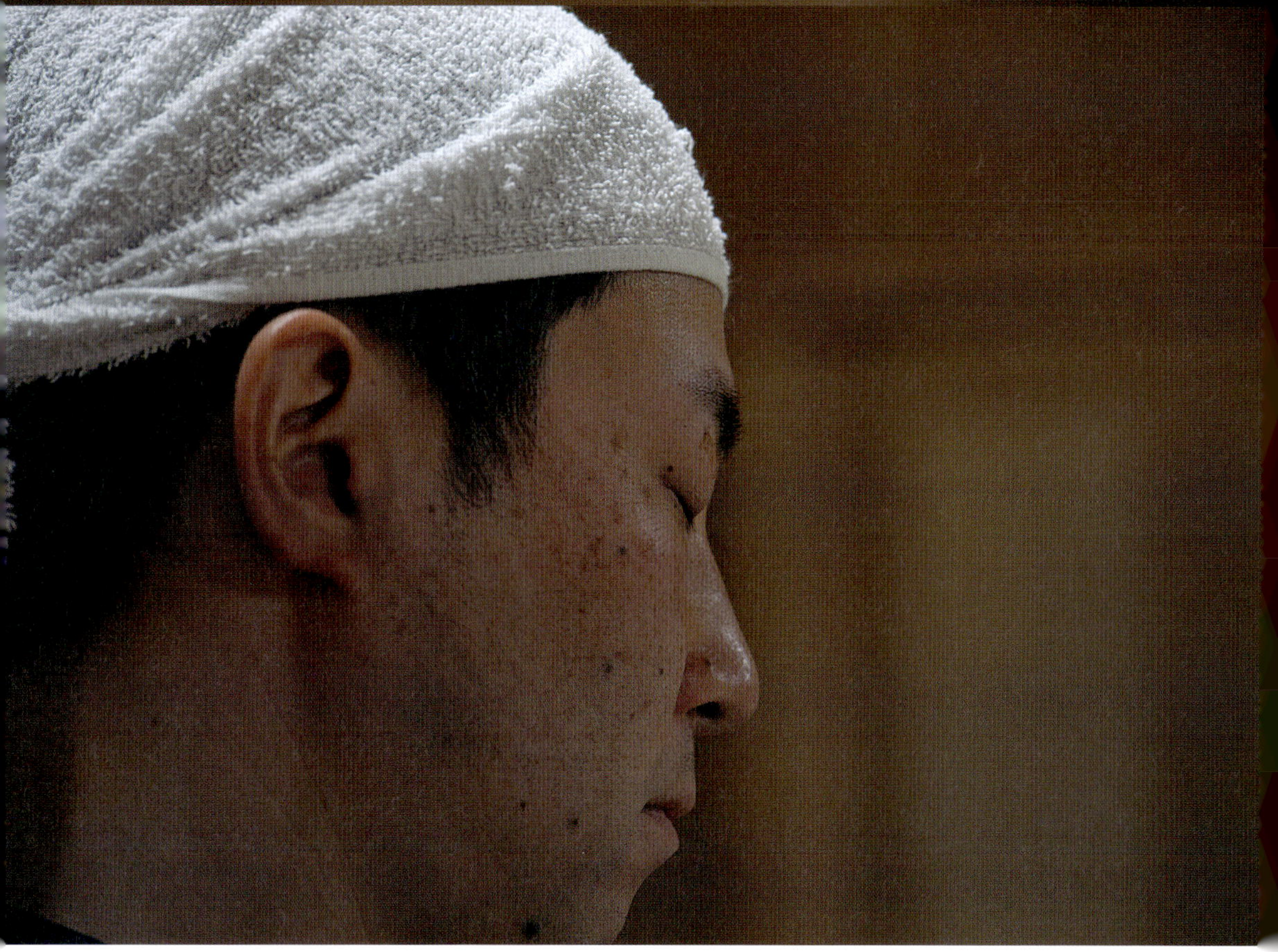

です。脇役にはなりたくない。一本一本の完成度を高めた上で、おいしいと言ってくれる人がいたら嬉しい。酒は人を表すと思うんです」

「而今」は大西さんそのもの、と話していた中田の言葉と奇しくも重なった。世代を超えておいしいと思える酒を造り、ぶれずに一歩、一歩、階段を上っている感がある、とも中田は評する。

「而今」は、過去や未来にとらわれず、いま、一瞬を生きるという意味の仏教用語。苦労を重ねる息子を思い、大西さんの母親が贈ってくれた言葉だ。苦難と挫折の連続。正直なところ、孤軍奮闘の辛い時期もあったというが、デビューから10年以上が過ぎたいま、製造量は２００石《こく》(※)から１０００石へと飛躍的に伸びた。

「以前は適量を仕込めばいいと思っていましたが、より多くの人との出会いが生まれるなら、チャンスをいただいたのなら、増やしてみようという方向に考えが変わりました」

現状に満足せず、自分なりの酒造りに心血を注ぐ。

蔵の中では現在、40代になった大西さんを若い蔵人たちが支えるバランスの取れたチームワークが構築されている。自分で考えなければ、人は育たない。そんな思いから、酒の質を

右　数ある「而今」のラインナップのなかの一部と、温故知新の試みから生まれ変わった「高砂」(左端)。その異なる味わいを比べていただきたい。
左ページ　酒の仕込みには、名張川の湧き水が使われる。

※ 石=日本酒の単位。1升は1.8リットル、1石= 100升で180リットル。

澄みきった水でまっすぐな酒を。

左右する見極めが必要な仕事も、少しずつ若手にまかせるようになった。

市場を活性化させ、伝統を未来へとつなぐためには働きやすい環境にする必要があるとの思いから、酒造りの間は泊まり込みがあって当たり前だった業界の慣習を改革。蔵人は日々、仕事場へと通い、子どもを保育園に預けている時間だけ働く女性もいる。

さらには、次世代のためにと各地に講演にも出かける。

「『十四代』の髙木顕統《あきつな》さん（P114）をはじめ、先輩たちが僕に見せてくれたように、何事も隠さずに自分の酒造りについてお話しするのが恩返しだと思っています」

酒造りでは、新しい一歩を踏みだした。2017年度から始まった、生酛《きもと》造りへの挑戦。自然の中の乳酸菌を取り込んで酒を醸《かも》す、昔ながらの伝統的手法だ。銘柄は、「而今」誕生前に地元に定着していた「高砂」。やわらかに微笑む感のある「而今」に対して、「高砂」は上品な煌めきで誘い、奥行きのあるエレガントな余韻で深く魅せる。双方がまったく異なる味わいになっているのが面白い。

中田と出会い「日本酒は蔵の立場が低すぎる、もっと自信を持っていい」という励ましが胸に深く刻まれたと、大西さんは話す。広く世界とのつながりが生まれたとも。

「だからこそ、僕は自分がやりたい酒造りを日本で頑張れる」

名張で大西さんが取り組む「いま」は、未来の「いま」に確実につながっている。

右　「酒造りは加工業ではなく、もの造り」という思いから、昔の道具も大切に残されている。
左　蔵の入口に掲げられた看板。
左ページ　春の名張川。一帯は盆地で寒暖の差があり、酒造りに適した気候。

「商品」ではなく、生きているものを作っている。

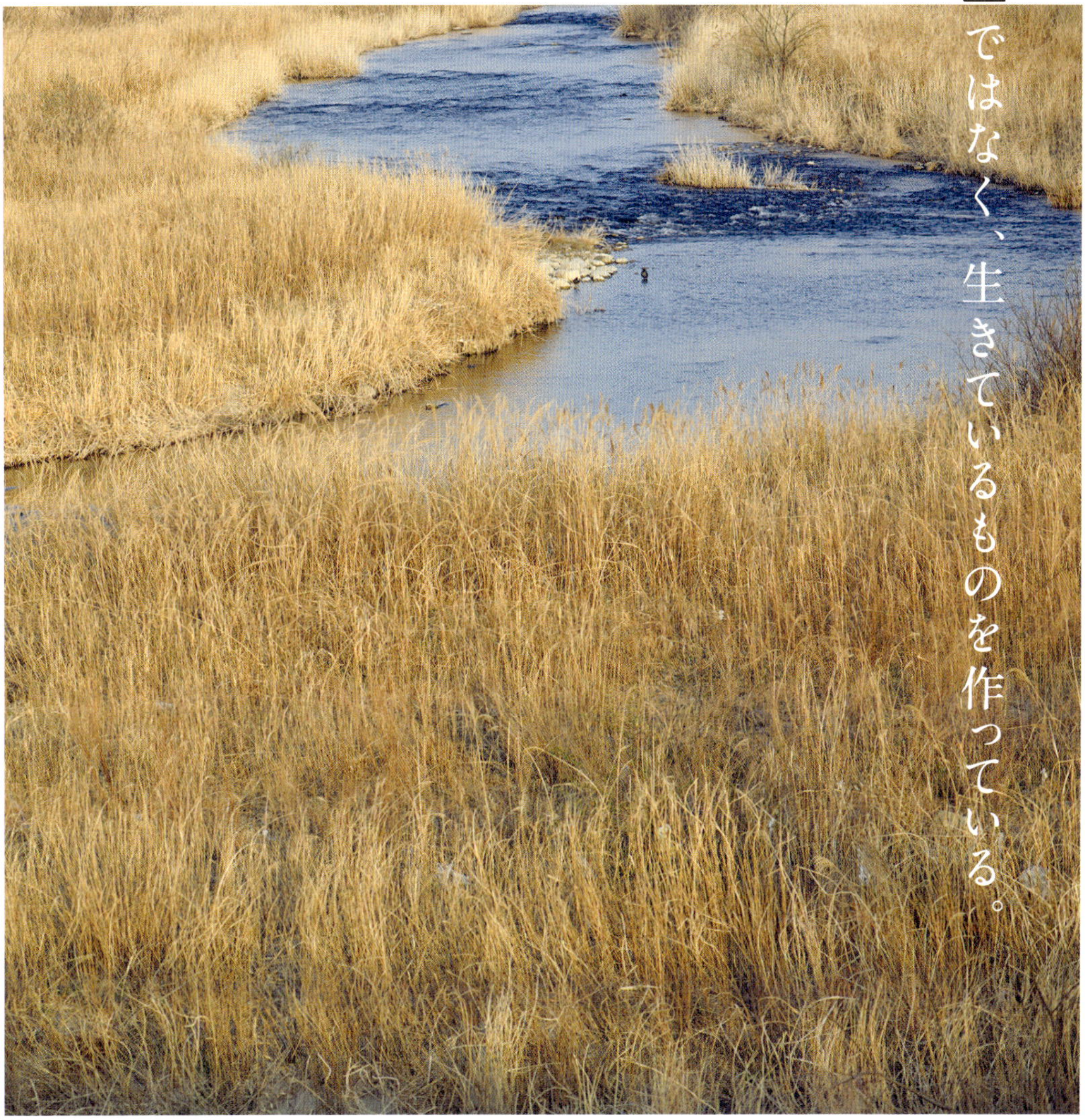

木屋正酒造

日本酒「而今」蔵元

「而今」は山田錦ほか酒米や酵母の組み合わせを変え、毎月1種類異なる味わいが出荷されている。「洗米、吸水の塩梅をはじめ、米によりすべてが違ってくるのが面白い」とは蔵元の大西さん(右)。「而今」「高砂」ともに特約店のみの販売。蔵見学、直販は不可。　三重県名張市本町314-1
tel. 0595-63-0061

にほんしゅ に・ほ・ん・も・の

各地で醸《かも》される数ある日本酒の中から、中田英寿が12本を厳選。
国内のみならず、広く世界へと続く扉を開く銘酒ばかりだ。
多彩に煌めく技と個性を感じ、じっくり味わいたい。

TOYOBIJIN
Sumikawa Shuzojo | Yamaguchi

海外の日本酒初心者にも響く、華やかさ。

東洋美人 壱番纏《いちばんまとい》

純米大吟醸
澄川酒造場（山口県）

「香り、味わいにほどよい華やかさがあり、海外の人にも日本酒の魅力が伝わりやすい」（中田）。「東洋美人」を代表するこの1本は、ラベルの能面もインパクトがある。蔵元の澄川宣史さんは、髙木顕統さん（P114）のもとで研修した唯一の弟子。

NABESHIMA
Fukuchiyo Shuzo | Saga

佐賀の小さな蔵が、〝世界一〟の酒を造った。

鍋島

純米吟醸　山田錦
富久千代酒造（佐賀県）

2011年のIWC※において日本酒部門の最優秀賞に輝き、「鍋島」は一躍世界に名を馳せた。「世界に視点を置いた酒造り。晴れやかな印象をもたらす」（中田）。果実の香りと米の旨み、爽やかなのど越しが相まってのバランスの良さが魅力。

※ IWC＝インターナショナル・ワイン・チャレンジ。毎年ロンドンで開催され、世界の酒市場に大きな影響力を持つワインの品評会。

SAWAYA MATSUMOTO
Matsumoto Shuzo | Kyoto

京都で飲むなら伏見のこの酒を選びたい。

澤屋まつもと 守破離《しゅはり》

秋津地区山田錦　Saido1292
松本酒造（京都府）

銘醸地として知られる京都・伏見の蔵元。「酒米の代表格である山田錦に特化。モダンとクラシックの間に位置する、すうっと馴染む味わい」（中田）。「守破離」は特級地区の山田錦を使用。熟成により、表情を変えていく楽しみもある。

ZAKU
Shimizu Seizaburo Shoten | Mie

素朴な清水さんが作ったモダンな酒。

作《ざく》 恵乃智《めぐみのとも》

清水清三郎商店（三重県）

「甘みを感じさせる、味わいのコントロールが巧み。いずれの酒も平均点が高い。安定感という意味では全国トップ3に入る蔵」（中田）。中でもこの「作 恵乃智」は、完熟した果実のような香りと心地よい清涼感が際立っている。

KID
Heiwa Shuzo | Wakayama

最上の山田錦。その米の深みが味になっている。

紀土 KID 無量山

純米吟醸
平和酒造（和歌山県）

紀州の風土に思いをこめた「紀土」の最高峰。シルキーなまろやかさが立つ。「ここ数年で急成長を遂げた蔵。甘辛バランスのいい飲み飽きしない旨さ」（中田）。蔵元の山本典正さんは次世代の蔵を牽引し、業界の活性化に努める。

MASUIZUMI
Masuda Shuzoten | Toyama

洋の顔をした純米大吟醸。

満《ま》寿《す》泉《いずみ》

純米大吟醸　SUPECIAL
桝田酒造店（富山県）

富山県を代表する老舗蔵ながら、多彩にチャレンジ。純米大吟醸を白ワインのオーク樽で熟成させた「SUPECIAL」は「和食だけではなく洋の料理にぜひ合わせて欲しい」（中田）。ラベルのデザインを含め、サプライズ度の高い一本。

KOKURYU
Kokuryu Shuzo | Fukui

キレの良さが立つ、海外で評価の高い一本。

黒龍

大吟醸 龍
黒龍酒造（福井県）

1975年発売。入手困難だった大吟醸酒を市販化し、全国にその魅力を広めたロングセラー。「海外で最も認知度の高い銘柄であり、キレの高い酒の代表格」（中田）。アジア圏では「龍」の文字が、縁起物としても喜ばれる。

ISOJIMAN
Isojiman Shuzo | Shizuoka

毎日食べるごはんのような、王道のおいしさ。

磯自慢

純米吟醸
磯自慢酒造（静岡県）

1982年、吟醸酒の先駆けとして発売されたこの酒は、磯自慢酒造の原点ともいうべき存在。「日本酒業界を牽引してきた銘柄のひとつ。長年にわたり、姿勢も味わいもぶれない。あれこれ飲んだ後にこそ、その旨さを実感する」（中田）。

KATSUYAMA
Katsuyama Shuzo | Miyagi

泉ヶ岳の湧水と大地がつくった伊達な武士の味。

勝山

純米吟醸 献
仙台伊澤家 勝山酒造（宮城県）

元禄年間に創業、伊達家御用達として残る唯一の酒蔵。ボトルには伊澤家の紋が描かれている。「軽めが主流の中、しっかりした味わいが立つが重すぎない絶妙な加減」（中田）。同じ宮城ながら対照的な「伯楽星」と飲み比べてみるのも面白い。

HAKURAKUSEI
Niizawa Jozoten | Miyagi

三杯目もおいしいを目指した、究極の食中酒。

伯楽星《はくらくせい》

純米吟醸
新澤醸造店（宮城県）

「甘味を抑えたタイプなので飲みやすく、日本酒の入門編としてもおすすめ」（中田）。飲む人に届いた時にベストな味わいになるよう、味わいのバランスを調整して出荷する心遣いも嬉しい。三陸の魚介類の繊細な旨みと好相性。

MODERN SENKIN
Senkin | Tochigi

ソムリエだからこその酒造りがあるんです。

モダン仙禽《せんきん》 無垢《むく》 2018

せんきん（栃木県）

蔵元の薄井一樹さんは、ソムリエの資格を持つ。「地元米にこだわる酒造りもまた、モダンでワイン的な考えをベースにした感がある」（中田）。ワインに造詣が深ければ、その匠の技と味わいにいっそう機微を感じられるはずだ。

日本酒DATA

※価格は全て税別

鍋島 純米吟醸 山田錦
富久千代酒造
佐賀県鹿島市浜町八宿1244-1　tel. 0954-62-3727
720ml 1750円　1800ml　3340円

東洋美人 壱番纏 純米大吟醸
澄川酒造場
山口県萩市中小川611　tel. 08387-4-0001
720ml 3500円

紀土 KID 無量山 純米吟醸
平和酒造
和歌山県海南市溝ノ口119　tel. 073-487-0189
720ml 2300円

作 恵乃智
清水清三郎商店
三重県鈴鹿市若松東3-9-33　tel. 059-385-0011
1800ml 2800円

澤屋まつもと 守破離 秋津地区山田錦 Saido1292
松本酒造
京都府京都市伏見区横大路三栖大黒町7　tel. 075-611-1238
720ml 5000円

磯自慢 純米吟醸
磯自慢酒造
静岡県焼津市鰯ヶ島307　tel. 054-628-2204
1800ml　3950円

黒龍 大吟醸 龍
黒龍酒造
福井県吉田郡永平寺町松岡春日1-38　tel. 0776-61-6110
720ml 4000円　1800ml　8000円

満寿泉 純米大吟醸 SUPECIAL
桝田酒造店
富山県富山市東岩瀬町269　tel. 076-437-9916
720ml 4200円(2018年ヴィンテージ分から5000円)

モダン仙禽 無垢 2018
せんきん
栃木県さくら市馬場106　tel. 028-681-0011
720ml 1400円

伯楽星 純米吟醸
新澤醸造店
宮城県大崎市三本木北町63　tel. 0229-52-3002
720ml 1500円　1800ml　2770円

勝山 純米吟醸 献
仙台伊澤家 勝山酒造
宮城県仙台市泉区福岡二又25-1　tel. 022-348-2611
720ml 2500円　1800ml 5000円

No.6 X-type
新政酒造
秋田県秋田市大町6-2-35　tel. 018-823-6407
740ml 2778円

〝あたりまえ〟を覆《くつがえ》し、日本酒の先頭を走っている。

No.6 X-type
新政酒造(秋田県)

「No.6」は今、最も人気の高い銘柄のひとつ。「酸を立たせる新しい味を創った先駆者。甘味とのバランスの良さが見事」(中田)。蔵元·佐藤祐輔さんの手による酒は、多彩&独創的。飲み比べてその思考の面白さを体感したい。

おみやげ に・ほ・ん・も・の

手みやげは、相手の好きなものを贈る。これが基本。
そして、誰も思いつかないようなものを贈りたい。
おいしいことはもちろんですが、記憶に残るものを贈りたいのです。

文＝渡辺紀子　写真＝砂原 文、大森忠明　スタイリング＝池水陽子

Hide

１８９３（明治26）年創業の京都の老舗菓子司「末富」。京都のみならず、多くの茶人が頼りにする菓子司である。伝統を受け継ぐ京菓子を作り続けながらも、進取の気性に富み、和菓子の域を超えたトライアルを重ね、次々と新たな京菓子を生み出すことでも知られる。そのひとつが、美しく愛らしい「京ふうせん」だ。小さな麩焼き煎餅を風船に見立て、平安時代の女官たちが季節感を取り入れて楽しんだ「かさねの色目」を表したもので、基本の色目５色、「赤、白、青、緑、黄」を砂糖で彩っている。ほのかな上品な甘さが

美しい京の菓子を自分流に遊ぶ。

身上だ。写真を見ていただくと、「Ｈｉｄｅ」と焼き印が押されていることがわかる（サッカーボールの柄もあり）。中田英寿が四代目当主であり、友人である山口祥二さんと話すうちに生まれたものだ。「こんな風に、自分だけの、自分ならではの手みやげがあることはありがたい」と、中田。「これほど軽くてふわっと溶けるお菓子は、世界を探してもそう多くはないと思います」。実は、新しいお菓子の構想を山口さんと話し合い、高木酒造（Ｐ114）が醸す「十四代」の酒粕を使った「京ふうせん」も誕生。伝統の菓子に新しい風が吹いている。

京《きょう》菓《が》子《し》司《つかさ》　末富《すえとみ》　京ふうせん

京都府　京都市

25枚 1,080円（税込）

京都府京都市下京区松原通室町東入

tel.075-351-0808

「京ふうせん」に焼き印を入れる場合、別途焼き印の作製費と焼き印の製作期間に約1か月必要。

「Hide」の焼き印入り「京ふうせん」は購入不可。

「全国的に見ても、北海道はスイーツのレベルが高いと思います。しかも、北海道に行くまで、知らないものがあまりに多い」と、中田英寿。粉といい、乳製品といい、原材料がいいから、クオリティの高いスイーツが育つこともあるだろう。中田が推すのは、「北菓楼」のシュークリーム「北の夢ドーム」だ。「北菓楼」といえば、甘エビ、いかなどの「北海道開拓おかき」やバウムクーヘンで知られる菓子店である。しかし、9種もあるシュークリームを知る人は少ない。「北海道のブランドって、北海道から外に出ないんですね。行かなきゃ買えない。だか

北海道育ち、を贔屓《ひいき》にしたい理由。

ら、みなさん、意外とご存じないんです。でも、そこがいいところでもあるんです」。

「北の夢ドーム」は、ずっしり重いジャンボシュークリーム。シュー皮にビスキーをのせて焼いた生地で、サクサクッとした食感が人気。クリームは北菓楼特製カスタードクリームと生クリームを2層に重ね、コクのある味わい。口溶けがいいのも特徴的だ。「北海道のお菓子屋さんの中で、北菓楼が扱うお菓子類のバランスが、一番優れていると思っています。北海道から一切出ないという姿勢も好きですね」。

北菓楼《きたかろう》　北の夢ドーム

北海道　砂川市

1個　180円(税込)

砂川本店:北海道砂川市西1条北19-2-1

tel.0125-53-1515

「北海道で30本以上ソフトクリームを食べたけれど、ここのが一番」と、中田を感動させたバニラソフトクリームも必食。

ラスク・ブームが続いている。大手から小さなパン屋さんまで、町を歩けば、いろんなタイプのラスクに出合えるが、中田英寿が「こんな旨いラスクはない」と太鼓判を押すのが、「NASUのラスク屋さん」の中でも一番の人気を誇る「こげパンだ」である。まず、袋を開けた時の、何ともいえない甘く香ばしい香りに、ラスク好きならずとも胸躍る。それから、形状がユニークだ。ひと口サイズのコロコロ。名前の通り、こんがりと焦げ色がついている。材料はフランスパン。それも試行錯誤を重ねた末に辿り着いた、ラスクのためだけに焼かれるフ

かりっとして、すっと消える。ラスクのバランス感覚。

ランスパンから作られる。

「ちゃんとした食感があるのに、すっと消えていく」から、最初は多いかなと思うが、一袋ぺろりと食べてしまう、と中田は言う。「ほかのラスクと比べて、特に秀逸だなと思うのが、口の中に入れてから溶けていくまでが、実にスムーズなこと。そして、カリッとしているのに、しっとり感もある。そのバランスがとてもいいんです」。もし手に入ったら、中田の言うように、一人で一袋抱えて食べてしまいそうだ。

NASUのラスク屋さん　こげパンだ

栃木県　那須町

130g 1袋　500円(税込)

栃木県那須郡那須町高久乙586-905

tel.0287-78-3309

とにかく大きないちごである。半分に切ると、中は真っ白。ジューシーで、一度食べると忘れられない味わい。希少性を保つために、佐那河内村《さなごうちそん》内にある24軒の農家だけしか栽培されておらず、いちごの中のいちご、と高い評価を得ている。

全国の農家を回り始めた時に、中田英寿には気づいたことがあった。「日本は、果物を甘くする技術が、世界に類を見ないほど優れている。ただ、難しいところは甘さだけをアップしていくと、甘ったるくなってしまうところ。胃もたれしたり、重く感じたりすることもある。そこにちょうどいいバランスで酸味があることが大事なんだな、と」。「ももいちご」は、そのバランスが抜群にいい。このいちごを知るまで、いちごは練乳をつけて食べるものだと思っていた中田。「実は、こっそり練乳を持って行ってたんです（笑）」。ところが、「ももいちご」には不要だった。〝そのまま〟食べて、初めて「うまっ！」と感動したという。感動のあまり、ずっとそのまま食べ続けたという。以来、いちごは「ももいちご」と決めた。そして、そのままいただくのが最上と思うようになったそうだ。

こっそり持ってきた練乳なしで、「うまっ！」

ふる里物産直売所　ももいちご

徳島県　佐那河内村

時価

徳島県名東郡佐那河内村下字中辺44-2

tel.088-679-2224

「ももいちご」は、栽培がごくわずかなため、現在は主に、後継品種の「さくらももいちご」を取り扱い。

幻の銘酒と呼ばれる山形の酒「十四代」（P114）。その蔵元である「高木酒造」15代目当主、髙木顕統《あきつな》さんとは仲良しで、山形に足を運ぶ機会が多いという中田英寿。旅をするたびに、各地で甘いものを探しては買い求め、試食をすることを欠かさない。もちろん、事前のリサーチ、情報収集にもぬかりはない。そんな中、発見したのが、この店のわらびもちである。「上品なんです。やわらかくふわっとしていても水っぽく感じたりするわらびもちが多い中、ここのは優秀。そして、きなことの塩梅がいい。蕎麦でいえば、つゆはおいしいけれど蕎麦がおいしくない、あるいは逆だったり、ということ、ありませんか。両方が合わさって初めて良さを発揮できる。このわらびもちは、まさにそれなんです」。

このぷるんぷるんは、未知の領域。

本わらび粉を使った琥珀色のわらびもちは、ぷるんぷるん。蜜や砂糖はかけず、たっぷりの香り高い深煎りきなこだけでいただく。ほのかな甘みを楽しむものだ。店舗でいただくこともできるが、中田は一日おいて、熟成させたほうが好きだと言う。興味深い。「これぞ、わらびもち。遠方からでも、わざわざ行く価値ありの一軒です」。

腰掛庵《こしかけあん》　わらびもち

山形県　天童市

小箱（2～3人用）650円（税込）
大箱（4～5人用）1,300円（税込）
山形県天童市北目1-6-11
tel.023-654-8056

中田英寿は果物の中で梨が一番好きだと言う。そんな中田が「衝撃的においしかった」と語るのが、「梨屋　与佐ヱ門」の「豊水」だ。「食べた瞬間、『何だ、これは!?』と思いました」。もぎたてを丸ごと齧《かじ》ると、果汁が滴り落ちる。「甘いだけじゃない。甘さの中に上品な酸味を含むから、深みを感じるんです。切らずに齧ってみてください。驚きますよ」。

何と、美しい畑か。「梨屋　与佐ヱ門」を、千葉・富里に訪ねて驚いた。下草をきれいに刈り整えて、枝の張りが見事に揃い、まるで整列しているかのようだ。しかも、どの枝にも立派な梨がずしっと実る。この行き届いた手入れに、どれほどの労力をかけているのか。農園主・田中総吉さんは何もおっしゃらないが、頭が下がる思いだ。

梨の深遠な世界を知った。

二十世紀梨といえば、誰もが鳥取を思い浮かべるが、二十世紀梨は、実はこの千葉県が発祥。しかも、日本梨の生産量日本一を誇る。田中さんは200年以上続く老舗農家の8代目。梨を作り始めたのは先々代の祖父からで、約60年になる。最初は住まいのある市川だけで作っていたのだが、住宅開発が進み、畑と住宅が隣接するようになると、堆肥の臭

梨屋　与佐ヱ門　　梨

千葉県　市川市&富里市

千葉県市川市北国分2-6-10
tel.047-375-0601　fax.047-375-1333

現在、「幸水」、「豊水」、「新高」、「あきづき」、「かおり」、「王秋」を栽培。2000年に品種登録され、まだ収穫量が少ない「王秋」。「梨屋　与佐ヱ門」の「王秋」の栽培面積は全国的に見ても大きい。

右ページ　姿が美しい梨は「王秋」。食べられる期間が長く、秋から冬は甘さの中にほのかな酸味が。冬から翌春は甘さが強くジューシーに。「王秋」は二度おいしいと言われる理由だ。

いや埃の問題が起きてくる。それで父の代に、自然豊かな富里にも土地を求め、畑を作ったのである。父は梨作りの名人で、いくつもの賞に輝いていた。田中さんは父の勧めで農業大学に進んだものの、跡を継ぐ気など、さらさらなく、農薬メーカーの営業職に就く。ところが、母の病気がきっかけで会社を辞め、梨農園に入ることに。1999年のことである。そしてまず、父とは違うことをしてみたいと、それまでの「田中果樹園」改め、屋号であった「梨屋　与佐ヱ門」へと農園名を変更する。父は大反対だったそうだが。

営業時代はいろんな人と話をするのが仕事だったから、梨園でたった一人で作業をするのは苦痛で、なかなか集中できない。誰かと話さずにはいられなくて、携帯電話片手に話しながら仕事をしていたという。そんな中、数年の間に相次いで自然災害に遭い、大打撃を受ける。そのたびに、周囲の人から励まされ、自分の作る梨を待っていてくれる人がいることに心が動く。そして、「一生懸命やってみようか」と思えるようになるのである。跡を継いで11年目の2010年、田中さんの作った梨が、「千葉なし味自慢コンテスト」で農林水産大臣賞受賞という栄誉に浴し、梨王国・千葉でもその名が轟くようになる。今や、話し相手がいないとぼやくことはない。「今は、ちゃんと梨と対話していますから」。変われば変わるものである。そして、まだまだ変貌を遂げそうだ。これから、中田をさらに驚かせる、ものすごい梨が生まれる、そんな可能性を秘めた〝与佐ヱ門〟である。

右ページ　毎日、梨と対話しているという田中総吉さん。「王秋」の畑で。
右　「王秋」は形が独特。頭がすぼまった楕円形。「新高」はリンゴのような形。
左　最近は大玉が増え、普通600～700グラム、大きいと1キロにもなるそう。

あまりのおいしさに、中田英寿が「岩手に1週間いる間に3回買いに行った」というこのあんパン。たっぷりと入った生クリームの圧倒的なおいしさに、食べた人が皆、感動する。「普通、生クリームは高温殺菌するのですが、このあんパン用に特別にお願いしている生クリームは、一度だけ低温殺菌したもの。フレッシュさが違います。乳《にゅう》の旨みが強い。私は日本一おいしいと自負しています」と、「ブルージュプリュス」の高橋大さんが胸を張る。

コクを出すために全粒粉をブレンドした南部小麦の生地に、岩手県産小豆で作った特注のあん、さらに、「あんこと合うよう脂肪率を控え目にした」、岩手県北部の奥中山近郊のジャージー牛の生乳から作られる特製の生クリームを、注文のたびに詰めてくれる。まさに（ほぼ）まるごと岩手産のあんパンである。「あん、生クリーム、生地の三位一体の相性が素晴らしい」と、中田。一度に20個は買うという。

このあんパンのためだけに、岩手に出かけたい。

「ぜひ、現地で味わってみてください。この生クリームあんパンのためだけに、岩手に行く価値あります」。

パティスリー ブルージュプリュス　岩手まるごと生クリームあんパン

岩手県　花巻市

1個 216円（税込）
岩手県花巻市星が丘1-28-4
tel.0198-23-0480
中田のもうひとつのおすすめが、花巻の米粉と高山高原契約農家の卵を用いた、「ちょっとかための」バウムクーヘン「イギリス海岸」だ。

話は中田英寿がイタリア・パルマでプレイをしていた頃に遡る。ちょうど同じ時期に、偶然にもその地でパルマハム職人の修業をしていたのが「ボンダボン」の多田昌豊さんだった。「実は僕、パルマハムよりも、スペインのイベリコハムのほうがおいしいと思い込んでいたんです。ところが、彼のハムを食べた時に、『おっ、パルマハム、旨いじゃないか』と思わず口をついて出てしまったんです」。日本とイタリアの職人文化は似ている、と常々思っていた中田。日本人で唯一パルマハム職人として認められた多田さんのペルシュウ（パルマの職人たちは、パルマハムのことをこう呼ぶ）にも、職人としてのプライドを強く感じている。「味はもちろん、切り方も大事ですよね。パルマハムは薄ければ薄いほどいい、といわれていますが、厚みによって味が全然違ってしまう」。だから、多田さんはパルマハムの扱い方のセミナーも実施している。切り立てであることも大事だという。「先日、多田さんの工房に見学にも行ってきました」。そこで、トルタフリッタ（揚げパン）とペルシュウ、ランブルスコという最高の組み合わせを楽しんだ中田。いくらでも食べられたそうだ。

パルマ。あの時、同じ場所で戦っていた。

ボンダボン　ペルシュウ（金ラベル　18ヶ月以上熟成）
岐阜県　関市

100g　¥2,400（税抜）
18ヶ月以上熟成した「金ラベル」と15 ～ 18ヶ月熟成した「銀ラベル」がある。

「これほど旨いのは食べたことがない」と、中田英寿が大絶賛するコロッケがある。浜松町で老夫婦が三十数年営むコロッケ専門店のものだ。「昔は、肉屋だったんだけど、コロッケを作ろうと思い立った。よく、肉屋さんの横でコロッケ揚げてるお店があるでしょ。それはイヤだったんです。やるなら徹底しておいしいコロッケを作りたいと思って」と、店主・内林さん夫婦。材料はジャガイモ、玉ネギ、挽き肉のみだが、ポテトがクリーミーで、ちっとも重くない。「一度に2、3個は食べてしまう。究極のおかずだと思います」と、中田。また、「素材の良さを感じます」とも。ジャガイモは北海道・今金町《いまかねちょう》の今金男爵、5月から8月末までは、静岡の三方原《みかたはら》産の男爵を使用。「玉ネギは炒めれば炒めるほど、甘みが出てくる。手間と時間はかけてるんです」と、店主。

このコロッケの中身は良心だと思う。

このコロッケ、「口福《こうふく》コロッケ」という名だが、「口の中においしいものが入ったら、人間、一番幸せだもんね。おいしいもの食べて、腹立てる人いないでしょ」が、命名の理由だ。「コロッケはおかずだから、値段も上げず、頑張ってるの」。長ーく愛され続ける店って、こういう店だ。

福内商店　口福コロッケ
東京都　港区

1個120円（税別）、10個1,296円（税込）
東京都港区浜松町1-27-5
完全予約制（10個～）。
日本橋髙島屋、伊勢丹新宿店、伊勢丹浦和店でも取り扱い。
いずれも生の状態で、自分で揚げるスタイル。

朝10時。開店1時間前というのに、東京・西荻窪のパティスリー「アテスウェイ」の前には、すでに行列ができている。気合いを入れてやってきた海外からの客もいれば、サンダル履きのご近所の人と思しき年配の方もいる。老若男女というけれど、まさにその通りの幅広い客層だ。中田英寿が「洋菓子店で一番好き」と言ってはばからないこの店、ケーキに焼き菓子、パンが美しく並ぶ。「まさにオールラウンダー。どれもが旨い。総合点、高いですよね。地方に行く時は必ず、ここのクッキーを手みやげにしています」と、中田。

誕生日はここのケーキでお祝いするんです。

焼き菓子コーナーには、シェフが研鑽を積んだフランス・ブルターニュの香り漂うパレ・ブルトンやガレット・ブルトンヌが誇らしげに鎮座する。それより何より、ショーケースに並ぶケーキのバラエティが「素晴らしい」を通り越して「凄すぎる」。伝統のフランス菓子サントノーレ、旬のフルーツで作るショートケーキに、モダンアートのような形のモンブランなどなど。そのすべてに川村英樹シェフならではの意匠と味のクリエイションが込められている。店全体に張り詰める心地よい緊張感。他の追随を許さぬクオリティ。唯一無二だ。だから、どんな遠

アテスウェイ　ケーキ

東京都　武蔵野市

東京都武蔵野市吉祥寺東町3-8-8カサ吉祥寺2
tel.0422-29-0888
華やかなケーキにばかり目がいくが、焼き菓子もパンも素晴らしい。シェフのスペシャリテ、パレ・ブルトンは特に注目。外はサクサクなのに中はしっとり。バターの香りと甘みが引き立つ塩の効かせ方が絶妙である。

右ページ　特注いちごのバースデーケーキ4,800円（税込・直径12cm／時期や飾り方によって価格が異なる）。生クリームのフリルをアラザンでロマンティックに飾って。

方からも客がやってくる。「誰かの誕生日の時は、必ずこの店にバースデーケーキをお願いします。おいしいケーキはみんなをハッピーにしてくれる。みんなが嬉しくなると、僕まで嬉しくなるんです」と、中田は話す。

大勢の若いスタッフを率いる、アスリートのような体形の川村シェフ。ガラス張りの厨房から店内が一望できるのだが、シェフは手を動かしながら、接客はスムーズか、スタッフの表情、客の表情はどうか……と目を配る。これって、試合中のスポーツ選手の動きと似ている。そんなところも中田に通ずるものがあったのかもしれない。

シェフの食材へのこだわりは〝半端ない〟。使う卵は、割ると弾力があり起泡性に優れた国産鶏のMサイズ。生クリームは動物性のみ。ふわふわのショートケーキは、桃→洋梨→いちごと季節によって変わっていくが、生クリームのおいしさは常に群を抜いている。スポンジと生クリーム、いちご(旬の果物)は同じやわらかさ。だから、するりと入ってしまう。そして、またすぐに食べたくなる。そんな誘惑と喜びに満ちている。

活躍の場は違えど、どこか気持ちが通じ合った中田と川村シェフ。実は二人の感性で創造的なお菓子が生まれている。日本酒を使ったショコラやクッキー、アイスクリーム…。「ヒデさんの発想と自分の技術でいままでになかったものが生まれ、自分の可能性が引き出される。もっと新しい世界が見られるんじゃないかって、わくわくしています」。

左　ケーキの他、パンや焼き菓子も豊富。川村シェフ(写真右)。
右ページ上　「フロマージュクリュ」450円(税込)　下からクランブル、レモンクリーム、焼いたチーズケーキ、レアチーズケーキ、生クリームと重ね、食感や味わいを変化。
右ページ下　「ガトーフレーズ」(いちごのショートケーキ)　580円(税込)は、口の中でふわっと消える、夢のようなおいしさ。

à tes souhaits!
pâtisserie française

à tes souhaits!
pâtisserie francaise

あとがき

旅を始める時、自分の日記的に記録に残そうと始めた「ReVALUE NIPPON (http://nakata.net/rnp)」。今回この本をつくるにあたり、その膨大な記憶と記録を振り返り、あらためてこの旅が僕にたくさんの〝財産〟を与えてくれたことに気がついた。

有人島最南端の碑がある沖縄・波照間島から最北端の碑がある北海道の宗谷岬まで、全47都道府県の旅。当初は、1県3〜4日がかりでまわり、半年から1年くらいあれば充分だと思っていた。だが、実際に各地を訪ね始めてみると、そんな時間ではとても足りなかった。

日の出と共に神社仏閣を参拝し、食の生産家やモノづくりの匠を訪ね、酒蔵を巡り、地元の名物を買いに走る。宿に着くのは日が落ちた後。宿はどんなに気に入っても同じ宿に2度、決して泊まらない。豪華な旅行をしたいのではなく、〝知る〟旅がしたいのだ。旅は楽しい。でも、「楽《らく》」をしたいわけじゃない。目的があり、そこに向かってやるべきことをきちんとやるからこそ、得られる経験がある。

結局、旅は足かけ6年半、走行距離は20万km近くになり、訪ねた場所・人は2000以上にも及んだ。多くの専門家（農家・工芸家・日本酒蔵元・伝統芸能師・宮司・住職……）が、それまで日常でしかなかった食べること、飲むこと、使うことに意味を与え、自然との対話を教えてくれた。今では、季節ごとに旬の食材を楽しみ、器を愛で、地方の地酒を堪能するようになった。何気ない日常として過ごしてきた時間が、しあわせな時間に変わる。これもすべては旅により知識を得たからこそ。

僕は今でも、米の収穫が終わり日本酒を仕込む時季が来れば酒蔵を訪ね、季節が変わるごとに旬の食を味わうため、各地を訪れる。気になる工芸作品に出会えば作家を訪ね、新たな宿ができれば滞在してみる。旅が僕に日本という国の豊かさ、魅力を教えてくれたし、その知識・経験が僕の人生を豊かに、毎日をしあわせにしてくれている。

願わくば、この〝にほん〟の〝ほんもの〟が多くの人々に日本の、そして日本文化の素晴らしさを少しでも伝えるきっかけになればと思う。

中田英寿

執筆者のプロフィール（掲載順）

千葉 望　ちば のぞみ

日本の伝統文化やクラシック音楽、アートなどを中心に執筆。著書「陰暦暮らし」「古いものに恋をして。骨董屋の女主人たち」「共に在りて陸前高田・正徳寺、避難所となった我が家の１４０日」など。雑誌「AERA」の人物ルポにも定評がある。

マッキー牧元　まっきー まきもと

タベアルキスト。年間６００回外食をし、料理評論、紀行、雑誌寄稿、ラジオ、テレビ出演など幅広く活動。「味の手帖」「料理王国」「食楽」ほか雑誌の連載多数。味の手帖 取締役編集顧問。鍋奉行協会会長。著書に「超一流のサッポロ一番の作り方」「出世酒場」など。

富田昭次　とみた しょうじ

ホテルや旅館に関して40年にわたり取材、歴史や文化、経営、建築、料理やサービスなど様々な角度から執筆してきた。著書も「ノスタルジック・ホテル物語」「おひとりホテルの愉しみ」「サービスはホテルに学べ」「『おもてなし』の日本文化誌」など多数。

山内史子　やまうち ふみこ

紀行作家。英国ペンギン・ブックス社を経て独立。国内外の史跡や物語の舞台を巡りつつ、旅先で美味美酒を探し歩く。これまでに40か国を訪問。著書に「英国ファンタジーをめぐるロンドン散歩」「赤毛のアンの島へ」「ニッポン『酒』の旅」など。

渡辺紀子　わたなべ みちこ

フードジャーナリスト。日本のみならず世界中の料理を取材し食の本を企画、編集。「Hanako」の創刊に携わり、「料理通信」「CREA」「BRUTUS」「& PREMIUM」など多くの雑誌に執筆中。近年は工芸、染織の人間国宝取材も多い。

編集　柴田 麻希

写真撮影　大森 忠明
砂原 文
鍋島 徳恭
斎藤 大地（P77～79）
川島 英嗣（P74）
奥西 淳二（P80）

スタイリング　池水 陽子（P144～162）

写真提供　たかはし じゅんいち（帯、P4～9、P173）
涌 忠之
白岩 貞昭
鍋島 徳恭
（「家庭画報」2017年5月号／世界文化社刊）

編集補佐　西連寺 くらら

DTP　新野 亨

校閲　株式会社アドリブ

取材協力　川原、はせがわ酒店、朧酒店

装丁　大賀 匠津（Meta Maniera）

に・ほ・ん・も・の
2018年12月6日　初版発行

監修　中田《なかた》　英寿《ひでとし》

協力　株式会社サニーサイドアップ
（小久保正人、松瀬恵子、大原清子）
中田英寿 公式サイト nakata.net
「ReVALUE NIPPON 日本の文化をめぐる旅。」

発行者　川金 正法

発行　株式会社KADOKAWA
〒102-8177
東京都千代田区富士見2-13-3
電話 0570-002-301（ナビダイヤル）

印刷・製本　図書印刷株式会社

Printed in Japan
ISBN 978-4-04-896439-5　C0095